La Mujer, Arma secreta de Dios

El mensaje inspirador de Dios para las mujeres de poder, propósito y destino.

Edgardo Silvoso

La Mujer, arma secreta de Dios
3ª edición
© Copyright 2014 por el autor
ISBN: 978-1-4951-2712-0

Publicado originalmente en EE.UU. por Regal Books, una División de Gospel Light Publications, Inc. Ventura, CA 93003 EE.UU. bajo el título: Women: God's Secret Weapon God's Inspiring Message to Women of Power, Purpose and Destiny.
2001 Derechos del autor: Edgardo Silvoso

Salvo que se indique en el texto, las citas bíblicas se tomaron de la versión Reina Valera © 1960 de Sociedades Bíblicas Unidas.

Todos los derechos reservados.
Ninguna parte de esta publicación puede ser reproducida, almacenada o transmitida de manera alguna ni por ningún medio, sea electrónico, químico, mecánico, óptico, de grabación o de fotografía, sin permiso previo por escrito de los editores.

Para contactarnos:
Tel: 1-800-835-7979
    +408-927-9052
Email: edsilvoso@transformourworld.org
Sitio web: www.transformaralmundo.org

Edición: Luis Manoukian
luismanoukian@gmail.com

Diseño de tapa: Martín Vega
Diseño interior: Julieta Valle

Impreso en EE.UU. - Printed in the United States of America

DEDICATORIA

A nuestras ocho nietas:

Vanessa,
Sophia,
Serena,
Isabella,
Melanie,
Mía,
Emma
y Addison
que sin duda serán parte del gran ejército de mujeres que proclamarán las buenas nuevas en los últimos días (véase Salmos 68.11).

CONTENIDO:

Introducción 7

Capítulo 1
Uno de los mayores temores de Satanás 13

Capítulo 2
Doblemente refinada 21

Capítulo 3
Colaboradoras confiables de Dios 27

Capítulo 4
Música del corazón 37

Capítulo 5
Abuso espiritual: Muerte con silenciador 43

Capítulo 6
Intolerancia con silenciador 49

Capítulo 7
El momento de la revancha 67

Capítulo 8
La restauración de hombres y mujeres 77

Capítulo 9
Los hombres tienen mucho en común con Adán 87

Capítulo 10
El error de Noé 95

Capítulo 11
El hombre como cabeza: un concepto liberador 101

Capítulo 12
La respuesta a los "¿Por qué?" 113

Capítulo 13
El mejor momento de las mujeres 131

INTRODUCCIÓN

Uno de los versículos que más me fascina de la Biblia es Salmos 68.11. Allí el salmista menciona una multitud de mujeres que proclaman buenas nuevas. Lo curioso no es que las mujeres prediquen el evangelio, sino, en este caso en particular, que el Señor las convoca para destruir a sus enemigos. Y lo hacen tan bien que logran derrotar a reyes y ejércitos que terminan huyendo en total desorden, haciendo posible que estas mujeres, además, se apoderen del botín en el campamento enemigo.

La idea de que las mujeres prediquen es polémica en ciertos círculos, pero el concepto de que un grupo de predicadoras derroten a los ejércitos enemigos de Dios es totalmente nuevo y controvertido, para decirlo con palabras moderadas. Es difícil imaginarse a las mujeres en guerra.

Sin embargo, al comienzo de la Biblia, la primera expresión de guerra espiritual involucra a una mujer y al diablo (véase Génesis 3.1-7). Aparentemente no se trataría de un incidente aislado, ya que inmediatamente después de este encuentro, Dios decreta que la mujer y su simiente estarían en enemistad con el diablo para siempre (véanse vv. 14-16).

El rol de las mujeres en la sociedad, y especialmente en la iglesia, es motivo de apasionado debate, agravado, en gran medida, por la enorme brecha social y espiritual que separa a ambos sexos.

En octubre de 1998, tuve el privilegio de participar en el programa de la reunión "Párate en la brecha" de Promise Keepers [Hombres de pacto] en la ciudad de Washington, D.C. Ver a más de un millón de hombres reunidos en ese lugar para renunciar a los pecados del pasado y pedir poder para el futuro fue una escena por demás emocionante.

De repente, un grupo pequeño pero ruidoso de mujeres, que aparentemente eran miembros de la Organización Nacional de Mujeres (NOW, sigla en inglés), se acercó al lugar. Estas mujeres comenzaron a quitarse la ropa y les gritaron a los hombres: "Veamos cuán en serio se toman su religión. ¡Miren! ¡Miren esto!" Mientras esto sucedía, la presidenta de la organización, Patricia Ireland, continuamente daba entrevistas en los medios, atacando sin pausa los objetivos y cuestionando los motivos de las decenas de millares de hombres allí reunidos. El contraste ilustra, dolorosamente, lo abismal que es la brecha que separa a los sexos.

El 1 de mayo del 2000, la revista Time publicó un artículo titulado "La hija del predicador", acerca de Anne Graham Lotz, hija del querido evangelista Billy Graham. El artículo señalaba que el ministerio de la Sra. Lotz sufría gran oposición, y en algunos casos rechazo, por parte de muchos que al mismo tiempo apoyaban de todo corazón a su padre. Además indicaba que en una conferencia de pastores en 1988, "muchos de los que escucharon el mensaje de la Sra. Lotz dieron vuelta sus sillas, de manera de no mirar a la mujer que predicaba".[1] Según cita el artículo, ella respondió: "Los que tienen problemas con que las mujeres estén en el ministerio, deberían hablar con Jesús ya que Él es quien nos pone en ese lugar".[2]

Ya sea que se trate de una banda de alborotadoras en Washington, o de una predicadora con una preparación impresionante, como la Sra. Lotz, lo que las mujeres hacen, más allá de la cocina y el dormitorio, siempre produce reacciones apasionadas.

En el ámbito secular, he visto a las feministas embarcarse apasionadamente en guerras sin cuartel contra los hombres y la sociedad. La pasión, no la razón, es lo que las mueve. La venganza, no la reconciliación, es su objetivo. Para encontrarse a estas guerrilleras sociales sólo es necesario seguir el reguero de personas heridas que dejan tras de sí.

También he visto en la iglesia mujeres profundamente desilusionadas cuando sienten que no es reconocido el llamado al ministerio que Dios les ha dado, especialmente por los hombres. Algunas se han convertido en feministas religiosas. Motivadas por las heridas

---

[1] David Van Biema, "The Preacher's Daughter: Billy's Other Kid Goes Big Time With a Series of Stadium Revivals", Time, 1 de mayo, 2000, pp. 56-57.
[2] Ibid.

que han sufrido, presentan sus argumentos con demasiada dureza y acaban aumentando el nivel de dolor social por el nuevo dolor que ellas mismas causan.

Por otro lado, hoy el mundo es un lugar mucho mejor gracias a mujeres ejemplares como la Madre Teresa. Lamentablemente, las feministas la consideran irrelevante por no tomar, como ellas, armas contra los hombres. Asimismo miran con desprecio a las mujeres que se sienten cómodas y satisfechas por haber hecho del hogar y la maternidad su mayor prioridad en la vida.

Sin duda alguna ha estallado una despiadada guerra civil espiritual. Aunque quienes disparan los cañones son sólo una minúscula porción de la población, los disparos son aturdidores y las balas hieren a muchos inocentes espectadores. Por eso escribo este libro: para alentar a los hombres y mujeres que están atrapados en esta guerra civil espiritual y que se preguntan si existe una salida.

Mis credenciales son fáciles de explicar: amo a Dios, honro a los hombres y a las mujeres, y quiero alcanzar al mundo para Cristo. Soy un asiduo estudiante de la Biblia y estoy totalmente comprometido con la iglesia y con su misión.

Nací y crecí en la Argentina, un país machista. Desde mis primeros días de vida estuve muy cerca de otros hombres y muchachos. Mi padre fue mi mejor amigo, mis tíos fueron mis mentores y consejeros, y mis primos, mis compañeros de la infancia. Con mis primos construí casas en las copas de los árboles, monté a caballo, jugué al fútbol, serví en el ejército, hice una carrera y dirigí empresas. Siempre me sentí muy cómodo relacionándome con hombres.

En cuanto a contacto femenino, tengo una madre amorosa y una hermana preciosa (ningún hermano), y desde chico fui muy mimado por mis cinco tías de las que siempre me sentí muy cerca. En una familia de origen italiano-español como la nuestra, estar "cerca" adquiere un significado mucho más intenso que en otras culturas. Cuando digo que estábamos cerca, significa "muy" cerca. Esta cercanía me dio el privilegio de tener una ventana al mundo femenino, que me permitió escucharlas hablar entre ellas sin reparos y observar su comportamiento y sus reacciones con total transparencia.

Asimismo hace más de 43 años que estoy casado con una mujer maravillosa, Ruth. Tenemos cuatro preciosas hijas, y en 2011 nació nuestra octaba nieta. Caminar por la vida junto a Ruth me ha permitido profundizar mi comprensión de lo que es una mujer. Ella me lleva de la mano cuando recorremos lo que para mí, típico hombre, es un intrigante laberinto femenino. Esto ha sido, y continúa siendo, una experiencia continuamente enriquecedora.

Juntos hemos visto a nuestras hijas crecer de bebés, a niñas y de jovencitas, a mujeres. Las hemos observado dar sus primeros pasos en la vida y en el ministerio. Como padres, siempre creímos que debíamos darles a nuestras hijas: pies para pararse con firmeza, y alas para volar bien alto. Hoy ellas vuelan tan alto que muchas veces somos nosotros los que les pedimos consejo. En los últimos tiempos, desde la cómoda posición de ser abuelos, observamos a nuestras nietas dar sus primeros pasos. El camino que ellas recorren, como el de sus madres antes que ellas, también está minado de desafíos y bordeado con picos de gozo y valles de dolor.

Estoy plenamente convencido de que las mujeres son criaturas extraordinarias, y que el potencial que Dios les ha dado va mucho más allá de lo que hemos descubierto hasta ahora. Pero también sé que el camino de la mujer no es un camino fácil. Quiero que mis hijas y mis nietas tengan éxito. ¡Quiero que toda mujer lo tenga!

¿Qué dice Dios acerca del rol de la mujer y su posición en la sociedad y en la iglesia? Esta pregunta es muy válida ya que Él es el que nos creó, varones y mujeres. Él es el que nos diseñó para casarnos, con el fin de unirnos hasta llegar a ser uno.

Hay otras preguntas, también. ¿Qué recursos nos ha confiado Dios para que podamos aliviar las heridas y los sufrimientos producidos por la guerra de los sexos? ¿Qué palabra tiene Él para las mujeres oprimidas y para los hombres que a su vez se sienten confundidos y frustrados?

Al buscar las respuestas a estos interrogantes en las Escrituras, descubrí que Dios está profundamente interesado en ver reconciliados a hombres y mujeres, primero con Él mismo, y luego, entre sí. Obviamente, Dios no es ni feminista ni machista. Sabemos que Dios es tanto masculino como femenino, porque creó a hombres y mujeres para reflejar esa imagen dual de sí mismo (véase Génesis 1.27). Dios desea la reconciliación entre los sexos, y su plan es que hombres y mujeres ministren juntos en una cosecha mundial de almas sin precedentes.

Pero sobre todo Dios usará a las mujeres, junto con los hombres, en un ataque sorpresivo para aplastar la cabeza de Satanás cuando llegue el momento de poner todas las cosas y todas las personas debajo los pies de Jesús.

Las mujeres son fascinantes. La creación de Eva coronó el período más intenso de creatividad divina en el planeta Tierra. La forma en que Dios llevó a cabo esta creación revela que las mujeres son doblemente refinadas, y que tal refinamiento tiene mucho que ver con los planes de Dios para ellas en los últimos días.

En cualquier momento, Dios dará la orden, y un ejército de mujeres predicadoras hará maravillas para Él, sorprendiendo a todos, especialmente al mismo diablo. Mientras tanto, Dios continúa restaurando los sexos de manera que puedan ser todo lo que Él quiere que sean. ¡Continúe leyendo, y permita que estas palabras le den ánimo!

CAPÍTULO 1
UNO DE LOS MAYORES TEMORES DE SATANÁS

Uno de los mayores temores de Satanás tiene que ver con las mujeres. Esto puede sonar increíble, pero el daño que las mujeres pueden causarle es un tormento constante para él. La raíz de esta ansiedad se remonta al mismo comienzo de la vida en la tierra, cuando Satanás recibió la mayor amenaza de todos los tiempos, como parte de un severo juicio divino.

LA AMENAZA

Esta amenaza, descrita en los primeros capítulos de la Biblia (véase Génesis 3.15), era muy compleja. No se trató de simples palabras, dado que Dios es quien la formuló, y Él nunca deja de cumplir lo que promete. Primero Dios maldijo a Satanás (que aquí se presenta como serpiente), "entre todas las bestias y entre todos los animales del campo" (Génesis 3.14). Después de relegarlo a la parte más baja de la escala animal, Dios lo humilló aún más al quitarle las patas. "Sobre tu pecho andarás" (v. 14), declaró el Señor, degradando la movilidad de Satanás al obligarlo a arrastrarse. Finalmente, Dios también arruinó su alimentación al proclamar: "Polvo comerás todos los días de tu vida" (v. 14).

Pero Dios aún no había terminado. Acto seguido Dios amenaza al diablo con la mujer, decretando que la ira de ella siempre estará dirigida contra él (véase Génesis 3.15). Para reafirmar que éstas no son meras palabras, Dios anuncia una revancha. Y hasta anuncia el resultado: la simiente de la mujer derrotará a Satanás, cuya cabeza quedará aplastada, mientras que el daño que él pueda causar al pie que lo aplaste será ínfimo (véase v. 15).

Obviamente, en este pasaje Dios está hablando del advenimiento del Mesías, pero el hecho de que la ira de la mujer dirigida al diablo ocupe una parte tan importante de la amenaza de Dios debe significar que las mujeres tienen un rol muy importante que cumplir. De no ser así, ¿por qué usaría Dios a la mujer para dar marco a la primera profecía mesiánica? Aquí hay mucho más de lo que el maligno desea que nosotros sepamos.

A Satanás le duele la derrota, y además es soberbio. Desde el mismo momento que Dios pronunció esta devastadora amenaza, el diablo ha estado trabajando horas extra para desvirtuar su significado. Es por ello que muchas personas, especialmente mujeres, tienen la falsa impresión de que Satanás las ha señalado para hacerles daño. Nada más lejos de la verdad. Es el diablo quien tiene que cuidarse, dado que a él se le aplastará la cabeza. Mientras las mujeres andan erguidas, Satanás siempre debe arrastrarse, y es su cabeza la que queda vulnerable cada vez que ellas apoyan el pie. Satanás es quien debe tener miedo, no ellas.

UN EJÉRCITO DE MUJERES

Las mujeres deben descubrir esta verdad. El diablo sabe que Dios no miente; lo que Dios promete siempre se hace realidad. Por eso Satanás ha pasado siglos quitándoles importancia a las mujeres y tejiendo una red de mentiras para crear una enorme maraña de opresión con el fin de mantenerlas sometidas. Él sabe que cuando las mujeres descubran quiénes son en realidad, su reinado del mal terminará abruptamente. No puede permitir que las mujeres anden erguidas. Necesita, desesperadamente, lograr bajarles la cabeza.

Pero Satanás no puede hacer esto por siempre. La Biblia nos dice que pronto llegará el día en que Dios levantará a las mujeres y liberará a multitudes de ellas para el ministerio. Salmos 68.11 declara que en un momento estratégico, Dios dará la orden, y toda una compañía de mujeres que proclaman las buenas nuevas derrotará a los enemigos del Señor.[3] Un ejército todo de mujeres producirá esta victoria, y será una victoria sorpresiva.

---

3   El término utilizado en el original hebreo, se refiere a "mujeres". La Biblia de las Américas y La Biblia de lenguaje Actual así lo traducen. Otras versiones usan palabras de género neutro. La versión hebrea en Isaías 40.9-10 también atestigua sobre mujeres proclamando las buenas nuevas a Jerusalén, Judá y los confines de la tierra.

Hasta el momento de servicio, estas mujeres guerreras se verán obligadas a mantener un perfil bajo, sin llamar la atención, como palomas grises entre los tiestos (véase Salmos 68.13). En el momento señalado, Dios ordenará a estas mujeres humildes que se levanten para luchar. Cuando ellas persigan al enemigo, Dios las usará para herir "la cabeza de sus enemigos, la testa cabelluda del que camina en sus pecados" (Salmos 68.21). Este salmo describe la culminación de la revancha prometida por Dios en el huerto, y el elemento de sorpresa será la clave de la victoria.

PROVOCADORES EN LA ESCUELA

Puedo identificarme con esas palomas que menciona el Salmo 68 por una experiencia que viví cuando estaba en la escuela primaria. Fue dolorosa y traumática al comienzo, pero terminó definiendo el resto de mi vida.

Como muchos argentinos, me criaron en el catolicismo romano. Mi madre era piadosa y devota; mi padre, un líder muy respetado en la comunidad, era ateo. Desde sus diferentes perspectivas, ambos me inculcaron la necesidad de ser un ejemplo y de ser el mejor en todo. En ese contexto, también me enseñaron, sin lugar a dudas, que nunca peleara con los niños que me provocaran a hacerlo. Yo no debía rebajarme al nivel de ellos; por el contrario, debía ser un ejemplo de dominio propio. Pelear era algo absolutamente prohibido, especialmente dado el alto perfil de mis padres.

Como monaguillo y persona religiosa que era, yo no tenía problemas con la teoría. Pero la parte práctica no era tan fácil, especialmente cuando se trataba de grupitos y niños provocadores en la escuela. Estos niños siempre se la tomaban conmigo, porque sabían que yo no iba a responder. Era un blanco fácil. Para los provocadores, yo era como un pájaro sin alas en la boca del lobo.

Las cosas se pusieron extremadamente difíciles en la escuela. Todo lo que yo hacía se volvía en mi contra. Si sacaba notas altas, para los provocadores lo que estaba de moda era sacar las calificaciones más bajas. Los que sacábamos calificaciones altas éramos tontos para ellos. Cuando la maestra me elegía para ayudarle en clase, algo considerado un privilegio muy codiciado, todos decían que era su consentido. Cada vez que el director me elogiaba públicamente, mis compañeros me humillaban salvajemente en privado. Me robaban los libros, me cortaban las hojas de los cuadernos, y me "confiscaban" por la fuerza el dinero que mis padres me daban para comprar el almuerzo. Mis figuritas coleccionables debían ser "intercambiadas" por la fuerza, y naturalmente, iban a parar a los bolsillos de algunos de los niños que siempre me provocaban.

A pesar de los ataques, yo nunca me sentí aplastado por los provocadores. En mi interior sabía que podría defenderme perfectamente de cualquiera de ellos, si decidía hacerlo, pero me sentía limitado por las estrictas órdenes de mis padres. El hecho de que tenía las calificaciones más altas de mi grado y que me habían nombrado abanderado en las ceremonias públicas reforzaba el mensaje de que yo era diferente. Yo sabía que no debía rebajarme al nivel de ellos, pero no era fácil.

LA PELEA

La situación llegó a un punto insostenible cuando mi hermana comenzó a asistir a la misma escuela. Los provocadores ahora trataron de molestarla a ella. Antes estos bravucones habían tratado de molestarme diciendo que mi padre era un idiota y mi madre, una cualquiera. Yo podía soportar esas falsas acusaciones, porque mis padres nunca las habían escuchado. Pero cuando los "chicos malos" comenzaron a dirigir su andanada de insultos hacia mi hermana, fue distinto. Ella estaba en la misma escuela, cerca de mí... ¡y *cerca de ellos*!

Un día, durante un recreo, los provocadores me rodearon para molestarme. Me gritaron lo que pensaban hacerle a mi hermana y me dijeron que era un cobarde sin agallas que no iba a pelear. Todos en la escuela escuchaban sus provocativas y obscenas palabras.

Mientras los bravucones me rodeaban, listos para atacar, sentí una tremenda tensión entre las órdenes estrictas que había seguido todo ese tiempo y el peligro que ahora me rodeaba. Cuando la tensión llegó al punto de ebullición, sentí una liberación inesperada. Algo dentro de mí me ordenaba que peleara. En ese momento supe que ya no me iba a reprimir más. La palabra era "¡Pelea!" ¡Y peleé!

En unos pocos minutos, los tres cabecillas del grupo de provocadores estaban tendidos, uno sobre otro, en el suelo. No sabía que podía esquivar golpes tan bien, ni conectar mis propios puñetazos con tanta precisión, pero lo hice. Yo estaba sorprendido... pero los otros mucho más. Cuando me volví hacia el cuarto, él se quedó como congelado, bajó los brazos y huyó corriendo. Lentamente, giré 180 grados para mirar a los que me rodeaban. Sosteniéndoles la mirada, pregunté: "¿Quién quiere ser el próximo?" Todos bajaron la mirada, después la cabeza, y pronto se dispersaron. Los tres provocadores vencidos se levantaron rápidamente y corrieron, ya sin fuerzas, avergonzados.

UN NUEVO DÍA

Nunca más volvieron a provocarme. En realidad, a partir de ese día todos me respetaron. Se corrió la voz de que era mejor no molestarme. Ya nadie cuestionó mis logros en la escuela. Mis opiniones comenzaron a ser tomadas en cuenta. Pasé de una posición de humildad forzada a una de liderazgo indiscutible. Nadie esperaba que sucediera como sucedió, ni siquiera yo mismo. Pero sucedió, y las cosas cambiaron para siempre.

Esta es la imagen que encontramos en el Salmo 68. Palomas plateadas que han sido obligadas a bajar la cabeza y andar entre los tiestos, ahora son llamadas para la batalla. Inesperadamente vencen a un enemigo que nunca pensó que sería destruido por quienes había maltratado tanto y durante tanto tiempo (véase Salmos 68.11-13). Esta es la culminación de la revancha prometida por Dios en Génesis 3.15. Se quitarán las restricciones que no les han permitido luchar a las mujeres. Escucharán la palabra "¡Pelea!" y pelearán. Cuando salgan a dar batalla, su enemigo será vencido en la forma más inesperada. La sorpresa será el elemento clave.

LA SORPRESA COMO ESTRATEGIA

En la película "El patriota", que es un relato ficticio de hechos supuestamente sucedidos durante la guerra de la independencia de los Estados Unidos, hay una escena, hacia el final, que capta plenamente cuán mortífera puede ser la sorpresa en una batalla. Los estadounidenses enfrentaban a tropas bien entrenadas y muy bien equipadas al mando del general británico Lord Charles Cornwallis.

El ejército de las colonias contaba con algunos militares entrenados, pero estaba formado, en su mayoría, por hombres de campo sin preparación militar, con rifles de caza en lugar de armas. El comandante británico despreciaba abiertamente a este ejército, ya que lo había visto fracasar en el combate muchas veces. Su par estadounidense era consciente de esto, pero decidió aprovechar esta aparente debilidad. Colocó a sus milicianos como punta de lanza dentro del campo de batalla; esto significaba que serían los primeros en chocar con el enemigo. Al observar esta maniobra, Cornwallis no se sintió amenazado. Veía a los guerreros improvisados avanzar contra sus posiciones, pero *sabía* que se quebrarían bajo la presión, como había sucedido anteriormente.

Cuando Cornwallis mandó avanzar a sus tropas, como lo esperaba, las fuerzas de su contrario giraron y huyeron hacia la colina que acababan de bajar. Los casacas rojas avanzaron, confiados en que destruirían totalmente a sus enemigos. Pero tan pronto como éstos alcanzaron el otro lado de la colina, se arrojaron a tierra. El ejército de las colonias, preparado en su emboscada, disparó sus mosquetes contra los sorprendidos británicos, que eran blanco fácil, erguidos en la cima de la colina. La mayoría de ellos cayeron y nunca más volvieron a levantarse. Este ataque sorpresivo revirtió la batalla, y los británicos debieron abandonar el campo, derrotados.

LA BATALLA FINAL

Mi propósito al escribir este libro es reafirmar la verdad de que el diablo teme a las mujeres y que Dios las ha guardado en reserva para cumplir un rol decisivo en la batalla final. Cristo, nacido de mujer, fue el primero en aplastar la cabeza de Satanás en el Calvario, hiriéndolo mortalmente al descender al Hades y subir nuevamente. Después, Cristo comisionó a sus discípulos que fueran hasta los extremos de la tierra para desmantelar el reino de Satanás. Los discípulos tienen la seguridad de que en el momento apropiado, "el Dios de paz aplastará... a Satanás bajo vuestros pies" (Romanos 16.20).

La culminación de la revancha que comenzó en el Calvario se aproxima. La cabeza del diablo será aplastada y las mujeres, cumpliendo un rol vital, lograrán mucho más que emparejar las cosas. Satanás lo sabe, porque escuchó a Dios anunciarlo en el huerto. Ha trabajado duramente para mantener a las mujeres con la cabeza baja, oprimidas y humilladas. Ha distorsionado nuestra interpretación de la Biblia para que las mujeres no puedan acceder al ministerio. Pero Dios usa todo esto para engañar a Satanás en darle un sentido falso de seguridad, que lo llevará a la muerte.

Debido a la amenaza de Dios y a la prometida enemistad de la mujer, hay pocas cosas a las que el diablo tema más que a las mujeres que se mueven en el poder del Espíritu y los hombres que trabajan junto a ellas, codo a codo. Es hora de que las mujeres se den cuenta de que son el arma secreta de Dios para la batalla final, como demostraré en este libro. Es hora, además, de que los hombres se den cuenta de que "no es bueno que el hombre esté solo" (Génesis 2.18). Debe restaurarse una intimidad *profunda* para que el hombre recobre su rol de protector y la mujer sea *totalmente* liberada para llevar a cabo el rol por el cual Dios la creó desde el principio; para atormentar al diablo con ira aprobada por el Señor, de manera de aplastar la cabeza de Satanás y hacerlo comer el polvo de la derrota. De eso habla este libro.

CAPÍTULO 2
DOBLEMENTE REFINADA

El relato bíblico de la creación del mundo es fascinante. La forma en que Dios hizo todo de la nada y ordenó que se formaran planetas y constelaciones, así como toda clase de plantas y animales, nos maravilla. Pero la creación llegó al clímax sólo cuando Dios creó a la primera mujer.

Al final de cada día de la creación, excepto en el segundo y el sexto día, Dios vio aquello que había creado y declaró que era bueno (véanse Génesis 1.4, 18, 25). El segundo día, Dios no emitió opinión. Pero el sexto día fue, sin duda, el que le provocó mayor gozo. Después de dar forma a Eva, Dios dijo que ese día era "bueno en gran manera" (Génesis 1.31).

Dios no marcó cada día con las palabras "Es bueno" a la ligera. El silencio en ese segundo día, y la calificación agregada en el sexto implican que realizó una evaluación profunda antes de pronunciar su opinión. Sin duda, el sexto día fue el que le produjo mayor gozo a Dios.

PUNTOS EXTRA

¿Qué sucedió para que Dios, que ya estaba complacido con su obra de los días anteriores, se felicitara a sí mismo especialmente por lo hecho? El sexto día, Dios creó, primero, la vida animal. Hizo todas las bestias de la tierra, y "vio Dios que era bueno" (Génesis 1.25). Después creó al hombre, y después de examinar a Adán, declaró: "*No* es bueno que el hombre esté solo" (Génesis 2.18, énfasis agregado). Esa declaración: "No es bueno" no se refiere a la creación del hombre, sino a la condición de incompleto en la que Adán se encontraba en ese momento en particular. Es obvio que Dios no estaba plenamente satisfecho con lo que estaba viendo.

Por lo tanto, Dios fue más allá y creó a la primera mujer, Eva, y después de esto exclamó que esto era "bueno en gran manera" (Génesis 1.31). La calificación, ese sexto día, comenzó siendo "bueno", descendió a "no es bueno", y finalmente terminó siendo "bueno en gran manera". La razón del drástico cambio fue la creación de la primera mujer. Sin Eva, el día habría terminado en un nivel más bajo. Pero con la creación de la mujer, culminó en el más alto nivel de satisfacción divina.

Generalmente pasamos por alto este punto. ¿Por qué? Porque después de leer "y vio Dios todo lo que había hecho, y he aquí que era bueno en gran manera" (Génesis 1.31), damos por sentado que Dios se refería con esto a todo lo que había hecho durante los seis días de la creación. Aunque en un sentido general esto es cierto, una lectura cuidadosa de Génesis 1.31 coloca esta afirmación al final del sexto día, y en el contexto de la creación de Eva (véase Génesis 1.28-30). Este fue el único día que Dios cambió su calificación de la obra de esa jornada después de crear algo. Esto nos da lugar a creer que Eva, la criatura más sofisticada de Dios, es la causa de que el nivel de placer del Creador subiera varios puntos.

Es de fundamental importancia comprender que desde el mismo comienzo de la vida en el planeta Tierra, las mujeres han sido causa de tremenda satisfacción para Dios. Las mujeres no son una idea tardía ni un agregado de último momento al plan de Dios para el mundo, ni una pieza de equipamiento creada para el beneficio del llamado "rey de la creación", el hombre. ¡No! Si el hombre es la corona de la creación, entonces la mujer es la joya de esa corona.

Para comprender mejor la monumental importancia de la creación de Eva, veamos en mayor profundidad la secuencia de los hechos de la narración bíblica que desembocan en ella.

ADÁN PONE NOMBRE A LOS ANIMALES
Cuando se hizo evidente que el hombre necesitaba una ayuda idónea, Dios le hizo poner nombre a todos los animales del huerto (véase Génesis 2.19-20). La palabra que Adán usó para nombrarlos se convirtió en su nombre. Cuando Adán terminó, "no se halló

ayuda idónea para él" (Génesis 2.20). No puedo evitar preguntarme por qué esta afirmación se colocó justamente después que Adán ha tenido contacto con todos los animales que había en la tierra. ¿Será que al pasar de criatura a criatura, Adán estaba intentando descubrir entre ellas una ayuda idónea?

Me imagino a Adán mirando a una jirafa. Quizás, sacudiendo la cabeza, haya murmurado algo así como: "Es hermosa. Su abrigo con manchas es delicado, y su cuello es maravilloso, ¡pero me temo que necesitaré una escalera para llegar a mirarla a los ojos!" O tal vez, observando un elefante, atraído al principio por su imponente figura, haya llegado finalmente a la conclusión de que sería peligroso vivir cerca de un ser de tanto peso. ¡Podría morir aplastado en un instante!

La Biblia no nos dice por qué a Adán se le indicó que diera nombre a todos los animales justo antes de la creación de Eva. Pero no es demasiado alocado especular con la idea de que quizás Dios deseaba que Adán descubriera por sí mismo que ninguna otra criatura viviente podía llenar el vacío que él sentía. Quizás Dios quiso que Adán se convenciera que para ayuda idónea perfecta, sería necesario crear a otro ser, aún no presente en la tierra.

UNA AYUDA IDÓNEA PARA ADÁN
El relato del Génesis lo expresa perfectamente:

> Jehová Dios... tomó una de sus costillas [de Adán], y... de la costilla que... tomó del hombre, hizo una mujer, y la trajo al hombre (Génesis 2.21, 22).

Obviamente, Adán no fue testigo de la creación de Eva; en ese momento estaba roncando. Después de quitarle la costilla, Dios aparentemente se fue a trabajar a otro lado, según implica la afirmación de que "la trajo" al hombre. Por lo tanto, Adán no tenía idea de lo que venía en camino para él.

MISS UNIVERSO 4004 a.C.
¿Cuál fue la reacción de Adán cuando posó por primera vez sus ojos sobre Eva?

Sin duda, ella era el ser más perfecto que jamás haya pisado la tierra. No había pecado, por lo cual la decadencia inherente a él aún no había afectado al planeta, y menos aún a la recién creada Eva. Su piel sin duda era absolutamente lisa y suave. No necesitaba cubrir imperfecciones ni aplicar maquillaje para destacar nada porque era simplemente... ¡perfecta!

Imaginemos a Adán saliendo de la anestesia divina, algo atontado. Al principio del día ya había pasado por todos los pares de animales, y ahora, de repente, ve algo absolutamente nuevo que Dios le entrega con sus propias manos a su domicilio en el huerto. ¿Qué sintió, y qué dijo en ese momento?

CASI SIN PALABRAS
Dado que Adán tenía la responsabilidad de dar nombre a todas las criaturas vivientes, le dio un nombre: "Varona" (Génesis 2.23). Después de ver la mayor exhibición de carne femenina dispuesta según el orden más creativo por el mejor diseñador del universo, ¿lo único que se le ocurre para llamarla es "varona"? ¡Suena decepcionante!

En realidad, no es tan malo como suena. Cuando ponemos las palabras de Adán en un contexto más amplio, vemos que dijo mucho más que solo "mujer". En realidad, creó una nueva palabra para dar la idea de que ella era todo lo que él era, ¡y *algo más*! Eva era tan diferente de todos los animales que él había nombrado, y al mismo tiempo tan similar a él ("hueso de mis huesos y carne de mi carne" (Génesis 2.23)... Pero Eva no era idéntica a Adán, y este hecho innegable requería de una nueva palabra creada sólo para describirla a ella. En esencia, lo que él dice es: "Tú eres todo lo que yo soy, más algo que no logro identificar, y por eso te llamo... mujer".

La descripción de Adán, en esa única palabra, es el equivalente de una expresión moderna como: "¡Uau! ¿Qué puedo decir? Estoy abrumado, me he quedado sin palabras... ¡Esto es demasiado!"

DOBLEMENTE REFINADA

Adán tenía muy buenos motivos para estar atónito, perplejo y abrumado, dado que el nivel de creatividad que Dios empleó con Eva no había sido utilizado antes. Dios creó a Adán *dándole forma* a partir del *polvo de la tierra* (Génesis 2.7). Lo mismo hizo con las bestias: "Jehová Dios *formó*, pues, *de la tierra* toda bestia del campo, y toda ave de los cielos" (Génesis 2.19, énfasis agregado).

Pero en el caso de Eva Dios empleó una técnica diferente y utilizó materia prima más sofisticada. En lugar de formarla a partir de la tierra, el Señor hizo a la mujer de carne y hueso tomados de Adán (Génesis 2.22). Esto hace que Eva haya sido doblemente refinada, primero por la calidad superior de la materia prima utilizada, carne y hueso humanos en lugar de polvo, y segundo por el hecho de que no se limitó a formarla, sino que la "hizo". La diferencia es la misma que el contraste entre una casa construida por un aprendiz de carpintero, y otra realizada por el mejor arquitecto. En este último caso, el nivel de creatividad es muy superior, y la técnica mucho más refinada. Podemos decir, con toda seguridad, que las mujeres son doblemente refinadas.

UN GRAN MISTERIO

Por esto es que las mujeres son un misterio tan profundo para los hombres. Son como galaxias innumerables cuya existencia y profundidad se extienden más allá del alcance del más potente telescopio masculino.

Cuando Dios creó a Eva, hizo más que unir el rostro más bello con el cuerpo más esbelto; creó un misterio que continuaría reproduciéndose a través de los siglos. A la corta, los hombres quedarían perplejos; a la larga, el diablo sería destruido.

Mi oración es que toda mujer que esté leyendo este libro levante sus ojos y pueda conectarse con Dios, y ver la sonrisa en su rostro.

Hermanas, que la calidez del placer de Dios toque cada hoja del árbol de su alma que ha estado cubierto por el hielo de la indiferencia y la incomprensión. Escuchen la voz del Espíritu Santo penetrando en la parte más profunda de su ser y declarando con voz solemne y convincente que cuando la primera mujer fue creada, Dios sonrió y se felicitó a sí mismo especialmente... algo que vuelve a hacer cada vez que nace una mujer.

Nada le da mayor satisfacción al diablo que ver a esta extraordinaria expresión de la creatividad divina pasada por alto, o peor aún, despreciada. En realidad, este es un componente clave en su estrategia para mantener oprimidas a las mujeres. Es un elaborado sistema de mentiras que Satanás mantiene con gran cuidado para convencernos de que las mujeres son un accesorio, no un elemento clave. ¡Nada más lejos de la verdad!

CAPÍTULO 3

COLABORADORAS CONFIABLES DE DIOS

Imaginemos por un momento cómo sería un mundo sin mujeres. Carecería casi por completo de suavidad, ternura, calidez, o refinada belleza. Los hombres poseen estas cualidades, pero las proyectan en dosis más pequeñas, mientras que las mujeres rebosan de ellas. Sin las mujeres, el mundo parecería una base del ejército, con todo pintado de gris o de blanco, diseñado en función de la eficiencia, a expensas de la belleza. Como consecuencia de lo mucho que se perdería (todo aquello que sólo las mujeres son capaces de proveer en abundancia), al mirar a nuestro alrededor en este planeta, tendríamos la horrible sensación de que está incompleto.

LA SINGULARIDAD DE LAS MUJERES

Las mujeres son singulares en más de un aspecto. Sólo a ellas se les ha confiado la capacidad de abrigar la vida; de saber lo que se siente al tener otro ser humano desarrollándose en su interior. El privilegio de llevar en su interior otra vida en un nivel tan profundo de intimidad ha sido confiado en exclusividad a Eva y sus hijas.

Las mujeres también pueden dar amor a un recién nacido, no sólo con caricias, como puede hacerlo también un padre, sino a través de la interacción más íntima posible entre una mujer adulta y un bebé: amamantando. Imagine a un bebé alimentándose de la leche de una madre que lo ama. Al ver sus ojos acariciando ese diminuto montoncito de fragilidad, veremos una imagen de dependencia total, cuidado perfecto y la más sublime transición de amor de un ser a otro. Sólo una mujer puede ofrecer esa imagen.

La mujer es, también, la que tiene el rol predominante en la formación del carácter de un niño desde los primeros momentos de su vida hasta que tiene cinco años. Ella es la que planta tiernos gestos en la capa interna de la maleable alma del niño durante este período crucial. Como un lecho de flores, cuyas raíces están escondidas a los ojos, cuando el niño crezca, estas semillas brotarán, esparciendo belleza sobre el paisaje adulto en forma de actos de nobleza. ¿Cuándo fueron plantadas esas semillas? Durante los años más tiernos, en que un niño pasa la mayor parte de su tiempo con una mujer: ¡su madre!

En momentos estratégicos de la historia, Dios ha usado estas cualidades únicas de las mujeres. Sólo tenemos que echar un vistazo al texto bíblico para ver que Dios no considera a las mujeres como ciudadanas de segunda clase. Las mujeres no han sido meros soldados en el ejército de Dios; por el contrario, se les han confiado lugares claves, tareas fundamentales, y han participado plenamente el fruto de la victoria.

EL COMANDO ÉLITE DE DIOS

El nacimiento de Jesús inició el cumplimiento de la amenaza de Dios al diablo. Cuando llegó el tiempo, Dios confió el componente secreto más delicado de su estrategia para redimir a la humanidad (la forma en que planeaba introducir al Mesías en territorio enemigo) a una mujer: María. En un momento cuando la entrega de tal información podría haber puesto en peligro la empresa divina, Dios hizo ingresar a una mujer a su círculo de confianza.

Si alguien piensa que María no merece ningún crédito, veamos cómo ella se comportó, comparada con Zacarías, que recibió una revelación similar, aunque no tan dramática. Cuando el ángel le anunció a cada uno de ellos que iban a tener un bebé, en un acto milagroso (en el caso de Zacarías, por medio de la reversión de la infertilidad de su esposa, y en el caso de María, a través de un nacimiento virginal), ambos hicieron preguntas. La respuesta, en el caso de Zacarías, fue un castigo, quedar mudo; mientras que María recibió el elogio del ángel. ¿Por qué? Porque la pregunta de Zacarías era consecuencia de su falta de fe, mientras que la de María reflejaba un sincero deseo de comprender mejor el mensaje de Dios.

LA PRIMERA PROTECTORA DE JESÚS

Fue una mujer la primera en escuchar el corazón del Dios hecho carne que se desarrollaba dentro de ella. Fueron sus manos las que primero tocaron el cuerpo de Jesús y lo envolvieron en pañales; la primera vestimenta para Dios, hecha por una mujer. Pensemos por un momento en lo que esto refleja: Dios Todopoderoso, creador y conservador del universo, tomó la forma de un bebé y pasó a depender del cuidado de una de sus criaturas. Cuando Dios experimentó la carne humana, con todas sus limitaciones, ¿quién estuvo junto a él para satisfacer sus necesidades? Una mujer. Ella fue la primera maestra de Jesús, y se convirtió en su primera discípula. Ninguna otra persona conoció a Jesús de manera tan íntima como ella.

EL SALÓN DE LA FAMA DE LAS MUJERES

El Antiguo y el Nuevo Testamentos están llenos de inspiradores testimonios de mujeres valientes y brillantes sobre cuyos hombros descansó el destino de ciudades, tribus y naciones.

Fue la madre de Moisés, junto con su padre, la que desafió el decreto genocida de Faraón al conservar la vida de aquel que llegaría a conducir a millones de hebreos hacia la libertad. Fue otra mujer, María, la que con gran astucia brindó la conexión crucial para que Moisés pudiera continuar dentro de su pueblo, sugiriendo sabiamente que la misma madre del niño fuera su aya.

Rahab tenía en sus manos la clave para tomar Jericó, y usándola de la manera adecuada aseguró la caída de la ciudad fortificada. Fue Ana la que clamó a Dios para que naciera Samuel, el más grande profeta y juez que jamás haya conocido Israel. Fue Débora, ilustre jueza y reconocida profetisa, la que libró a Israel de los poderosos carros de Jabín, el opresor rey de Canaán, y con la ayuda de otra mujer, Jael, provocó la total destrucción de aquel y de su general más sobresaliente, Sísara.

Fue la reina Ester la que valientemente arriesgó su vida para salvar a toda su nación, el pueblo de Dios, cuando éste se vio amenazado por el genocidio.

Dios mismo dijo que Sara sería madre de naciones (véase Génesis 17.6). También se la incluye en la lista de héroes de la fe, en Hebreos 11.

PRISCILA, LA MUJER QUE SABÍA HACER ALGO MÁS QUE COCINAR

Cuando Apolos predicaba una teología que era algo menos que perfecta, fueron Priscila y Aquila quienes lo llevaron aparte para corregirlo (véase Hechos 18.26). Este pasaje no dice que Priscila horneaba galletas mientras Aquila instruía a Apolos, sino que *tanto* Priscila *como* Aquila le enseñaron. Esto es significativo, ya que Apolos no era un predicador improvisado, sino "varón elocuente, poderoso en las Escrituras... instruido en el camino del Señor... de espíritu fervoroso, hablaba y enseñaba diligentemente..." (Hechos 18.24-25), pero en forma incompleta, las Escrituras.

El hecho de que se menciona primero a Priscila cuando se presenta a la pareja en un contexto ministerial (véanse Hechos 18.18, 26) destaca su rol prominente e indica que no era inferior a Aquila.[4]

UN SÓLIDO PILAR DE LA IGLESIA PRIMITIVA

Una de las principales razones por las que el cristianismo se extendió tan rápidamente en los primeros años es que su mensaje restauró el honor y el valor intrínseco a la mitad de la población mundial... es decir, a las mujeres. Los romanos consideraban a la mujer de tan poco

---

4   En Hechos 13:2 Bernabé queda en primer lugar en la lista de líderes de la iglesia en Antioquía, y Saulo (Pablo) queda en último lugar. Después de ser enviados como misioneros, Bernabé se menciona primero durante todo el capítulo hasta el v. 42 cuando el nombre de Pablo por primera vez precede al de Bernabé, y así queda por el resto del libro de Hechos. Este cambio en la secuencia coincide con la toma de un rol más prominente de liderazgo de Pablo. También véase Ben Witherington III, Women and the Genesis of Christianity (London: Cambridge University Press, 1990), p. 220. Witherington escribe: "Ella y Aquila instruyeron a Apolos y el nombre de ella se menciona primero, así que si Lucas hace mención de alguien como instructor principal, sería Priscila".

valor que los hombres con frecuencia tenían sexo con otros hombres para divertirse, porque para ellos las mujeres eran inferiores en sí mismas. Los rabíes judíos obligaban a las mujeres a guardar completo silencio cuando estaban dentro de la sinagoga. Los paganos utilizaban a las mujeres como prostitutas sagradas en los templos.

Pero los líderes de la iglesia primitiva dignificaron a la mujer enseñando que en Cristo "no hay varón ni mujer; porque todos vosotros sois uno en Cristo Jesús" (Gálatas 3.28*b*). Y demostraron en la práctica esta enseñanza situando a las mujeres en lugares de honor y liderazgo. Priscila fue parte del grupo que fundó la iglesia de Éfeso, lugar donde se produjo el encuentro de poderes más tremendo que se registre en el libro de los Hechos. Ella estaba allí, en el centro del poder de Dios, cuando Artemisa fue destronada y toda la estructura socioeconómica demoníaca que había controlado a Éfeso cayó con ella.

Las mujeres son también exaltadas sin disimulo como pilares de la fe en muchas de las epístolas. Pablo identificó a dos mujeres como iniciadoras de la fe de Timoteo: su madre y su abuela. En una carta destinada a una amplia circulación y que sería de lectura pública, Pablo alaba a nueve mujeres como personas de fe, valentía y un ministerio comprobado (véase Romanos 16.2-16).

LA PRIMERA CONVERTIDA

La primera persona en convertirse en Europa fue Lidia, una mujer, y la suya fue la primera familia que se bautizó (véase Hechos 16.14-15). Al relacionarse con los apóstoles, Lidia sin duda tenía bien en claro lo que deseaba: "... *nos rogó*, diciendo: Si habéis juzgado que yo sea fiel al Señor, entrad en mi casa, y posad. Y *nos obligó* a quedarnos" (Hechos 16.15, énfasis agregado).

Tres siglos más tarde, la fuerza motivadora de la conversión de Constantino y la resultante cristianización del Imperio Romano fue otra mujer: Helena, la madre del emperador.

EL ÚLTIMO ACTO DE BONDAD DE JESÚS

Mientras la mayoría de los discípulos de Jesús, aterrados, se escondían bien lejos, junto a la cruz permanecían, fieles, las mujeres. Allí estaba Él, desnudo, no lejos del lugar donde los soldados habían echado suertes sobre su manto. Se sentía abandonado por su propio Padre, y soportaba un sufrimiento indescriptible; pero aun entonces, su última preocupación en esta tierra fue por una mujer: su madre. El dolor que sentía no logró hacerle olvidar que su vida terrenal había comenzado rodeada de los cuidados que ella le había brindado. Y ahora, casi en el final, aun con su corazón atravesado por el dolor, ella estaba de pie, valiente, junto a Él. En un postrer acto de bondad, Jesús la entregó al cuidado de su discípulo amado (véase Juan 19.26-27).

PERCEPCIÓN DE COSAS ESPIRITUALES

Las mujeres tienen una sensibilidad extraordinaria con relación a las cosas espirituales. Por esto Jesús pudo revelarles dos de las verdades más tremendas de los Evangelios, a mujeres. Le dijo a Marta que Él es la resurrección y la vida (véase Juan 11.25-27), y le dijo a la mujer samaritana que Él es el agua viva (véase Juan 4). Estas mujeres estaban confundidas cuando Jesús las encontró, pero ambas pudieron escuchar, comprender y creer profundas verdades. ¡Piense por un momento en los millones de personas cuyas vidas han sido transformadas en los últimos 2.000 años por estas verdades!

MINISTRAR AL CORAZÓN DE JESÚS

Los hombres que observaron el sublime acto de adoración de María Magdalena la acusaron de desperdiciar un frasco de perfume muy valioso. Interpretaron en forma totalmente errónea su acto, al verlo y juzgarlo desde un punto de vista puramente económico. Jesús reprendió a estos hombres y declaró que María Magdalena había demostrado una gran capacidad de prever sucesos espirituales, ya que había preparado su cuerpo para el sepulcro. Jesús, esperando la inminente traición y el rechazo que iba a sufrir, se sentía abrumado por el dolor. Su corazón estaba angustiado; necesitaba que alguien le ministrara. Fue una mujer la que vio la urgencia de la situación y gastó todo lo que tenía de valor para consolarlo.

QUEBRANTAMIENTO

Elí acusó a Ana de estar ebria, cuando, en realidad, estaba realmente quebrantada delante del Señor. Muchas veces, los actos de adoración de una mujer son tenidos en poco, considerados emocionales y desordenados. Muchas veces se acusa a las mujeres de emocionarse con demasiada facilidad, pero esto no siempre es cierto.

Intrínsecamente, las mujeres no son más piadosas que los hombres, pero sí son, definitivamente, más espirituales. Con esto quiero decir que poseen la capacidad de expresar una gama más amplia de emociones que les permite experimentar la adoración en una forma más intensa.

GENEROSIDAD

Dios siempre puede contar con la generosidad de las mujeres cuando surge una necesidad en su reino. Él envió a Elías en medio de una terrible hambruna a la casa de una viuda, y le pidió todo lo que tenía... ¡y ella se lo dio! (véase 1 Reyes 17.13-15).

Un grupo de mujeres usó de sus propios recursos para apoyar el ministerio de Jesús (véase Lucas 8.3). En los Evangelios no se menciona explícitamente a ningún hombre que sostuviera económicamente a Jesús.

VALENTÍA

En la mañana de resurrección, hubo mujeres que arriesgaron valientemente sus vidas, al visitar la tumba de un criminal sentenciado cuyo cuerpo estaba bajo guardia militar las 24 horas. María, la madre de Marcos, no vaciló en ofrecer su casa para realizar una reunión de oración masiva, mientras Herodes derramaba la sangre de los apóstoles por toda la ciudad (véase Hechos 12.12). De la misma manera, Lidia puso su propia casa a disposición de la iglesia durante un tiempo de violenta oposición (véase Hechos 16.40).

FE

Las mujeres tienden a creer fácilmente a Dios. Cuando Dios habló, Débora no tuvo dudas de que Dios podía librar a los israelitas del ejército de Sísara. De la misma manera, María se mantuvo firme en su fe de que podía llegar a tener un hijo a pesar de ser virgen; y las mujeres que fueron a la tumba, llenas de dolor, aceptaron el mensaje de la resurrección sin dudar.

Después de ver en el huerto la misma tumba vacía que habían visto las mujeres, los apóstoles se encerraron por temor a los judíos (véase Juan 20.19), y Tomás exigió pruebas tangibles de la resurrección de Jesús, aunque Él estaba parado allí mismo. Es muy posible que, al reprender a Tomás, Jesús pensara en las mujeres, cuando dijo: "Bienaventurados los que no vieron, y creyeron" (Juan 20.29).

La mujer samaritana, confundida y espiritualmente inestable después de creer que Él tenía el agua que ella tanto necesitaba, fue el instrumento utilizado para evangelizar a toda una ciudad (véase Juan 4.39-42). Jesús se apareció primero a las mujeres en el domingo de resurrección, haciendo que ellas fueran las primeras mensajeras, las primeras evangelistas, las primeras profetisas, las primeras maestras y las primeras testigos de su resurrección. ¡Este no es un privilegio sin importancia!

LAS MUJERES TIENEN UN PAPEL CLAVE

Más de una vez, las mujeres han jugado un papel clave en las estrategias de Dios. No son el sexo débil, ni una creación de último momento en el plan maestro de Dios.

El cuerpo de la mujer es más frágil, pero definitivamente no más débil que el de un hombre. Una taza de porcelana es más fácil de romper que una de lata, pero al mismo tiempo, es mucho más hermosa. Para hacer música se utiliza tanto el robusto tambor como el delicado violín. En la vida, los hombres son los tambores y las mujeres, los violines. Las mujeres son indispensables para que el mundo pueda escuchar esas suaves notas agudas. No son un prefacio, ni una posdata, ni un apéndice de los hombres. Sin las mujeres, la historia no estaría completa. Gracias a que las mujeres han sido incluidas en él, tenemos un libro aún más grande.

VOLVAMOS AL HUERTO

Regresemos a ese momento después de la caída, cuando Eva, de pie junto a Adán, enfrentó las preguntas de Dios. El diablo quería que las mujeres recordaran esa figura bajo la luz más negativa. También desea que a Eva se la vea como el eslabón débil de la cadena, la que trajo toda la miseria sobre la raza humana. Aunque Eva fue engañada y cayó en transgresión, no perdamos de vista algo *muy importante:* ¡fue ella la que identificó al enemigo! A pesar de la vergüenza que sentía, Eva comprendió y describió con claridad lo que había sucedido, y quién había sido el instigador, preparando así el escenario para que Dios anunciara la revancha. Las palabras de Eva son las únicas coherentes pronunciadas por un ser humano en ese momento.

Seamos fortalecidos, leyendo este pasaje de Génesis 3 sin las lentes distorsionantes que el enemigo ha usado durante tanto tiempo. Como Eva, las mujeres saben quién es el enemigo. Además, Satanás sabe que es la simiente *de la mujer* la que finalmente lo destruirá.

Es hora de cambiar. Es hora de que las mujeres no presten atención a los comentarios despectivos de Satanás, tantas veces pronunciados a través de quienes miran lo externo y pasan por alto la riqueza que ellas llevan adentro. Las mujeres no necesitan una plataforma humana para ser escuchadas, porque Dios les ha dado una estatura espiritual considerable desde la cual pueden hablar. Han sido designadas para ejercer influencia y dar forma. En ningún ámbito esta capacidad es más importante que en lo relativo a jugar roles decisivos en los planes estratégicos de Dios.

CAPÍTULO 4
MÚSICA DEL CORAZÓN

Las mujeres despiertan los más intensos sentimientos en los hombres. La poesía, el teatro, las canciones y la música captan la profundidad y la intensidad de estos sentimientos en una interminable cascada de armonías. Desde la madre que lo sostuvo por primera vez sobre su pecho hasta la esposa que lo rodea con sus brazos, hasta la hija que lleva sobre sus hombros, el hombre tiene una relación muy estrecha con la mujer. Nada puede tocar el corazón de un hombre, como una mujer. Ella puede hacer que broten fuentes de ternura en la rugosa superficie de su alma.

ARROJADO A UN MAR DE AMOR

Recuerdo vívidamente el día en que, siendo aún un adolescente, vi una figura que cambiaría mi vida.

Poco después de convertirme, hice un pacto con Dios. Le dije que no quería salir con diferentes chicas para descubrir con cuál debería casarme. En cambio, estaba decidido a esperar que Él me indicara cuando llegara la mujer para mí. No fue fácil, pero mantuve mi promesa. De la misma manera que los atenienses oraban "al dios desconocido", yo oraba *por* la joven desconocida que Dios tenía, en algún lugar, para mí.

Un par de años más tarde, un amigo me mostró una fotografía de una familia en la que había varias jovencitas. De pronto sentí que el Señor me decía: "La jovencita que está en el extremo inferior derecho es la que tengo para ti". Inmediatamente busqué una lupa... ¡y le respondí a Dios que Él sin duda tenía muy buen gusto!

Fascinado como estaba, poco podía hacer al respecto, ya que esta joven vivía en otra provincia, a cientos de kilómetros, y asistía a una iglesia que pertenecía a una denominación que históricamente había sido antagonista de mi denominación.

Aunque ella hubiera vivido en mi ciudad o hubiéramos podido comunicarnos, en aquel entonces, en mi país, Argentina, ponerse de novio con una chica cristiana era un proceso muy complicado. El potencial pretendiente debía recibir una invitación para hacer visitas sociales a la casa, y para eso era necesario que alguien lo recomendara. Si a la joven le agradaba, era necesario solicitar permiso a sus padres para poder visitarla en carácter de pretendiente. En caso de que se le otorgara ese permiso, lo más osado que podían hacer era tomarse de las manos, hasta que les permitieran avanzar un poco más. En un nivel estrictamente humano, mis chances de conectarme con ella eran, en el mejor de los casos, muy remotas.

Pero Dios tiene formas de hacer que su voluntad se cumpla. Juan Carlos Ortiz[5] estaba a punto de casarse con la hermana de la joven que yo había visto en la foto, y habían decidido realizar la ceremonia civil en mi ciudad, así que se esperaba que asistiera toda la familia. Lo que yo no sabía era que aproximadamente al mismo tiempo que yo escuché el mensaje de Dios, ella también había visto una fotografía de nuestro grupo de jóvenes, y sintió que Dios le decía: "Ese joven alto, de campera de cuero negra, es el que tengo para ti". Cuando esa muchacha llegó a la ciudad, comenzamos a buscarnos cada uno por su lado, sin tener la más mínima idea de lo que el otro estaba haciendo al mismo tiempo.

El día que ella llegó, fui a casa de mi pastor en una visita "espontánea", y allí estaba. En el momento en que vi sus ojos verdes me sentí arrojado a un mar esmeralda. Su cabello era una montaña de oro. Sus dientes perfectos, entre unos bellos labios y flanqueados por hoyuelos, agregaban un marco increíble a una figura excepcional. Su voz era susurrante, de contralto; y cuando tomó la guitarra y comenzó a cantar, me sentí como si hubiera sido transportado al cielo.

Ella tocó mi corazón como nadie más lo había hecho jamás. Yo sabía que existía un río de amor, pero ignoraba por completo cuán

---

5   Juan Carlos Ortíz es un líder argentino reconocido de avivamiento y autor del libro Disciple: A Handbook for New Believers (Lake Mary, FL: Creation House, 1996).

potente podía ser... hasta que invadió mi alma. Ese día mi vida cambió para siempre. Aunque pasarían siete años antes que estuviéramos juntos frente al altar, el día que vi por primera vez a esa joven me sentí atrapado por ella. Todas mis emociones fueron cautivas de las suyas. Había mirado directamente al sol del mediodía, y ya no podía ver a nadie más. Oasis de romanticismo brotaron en mi alma. Una vez más, como en innumerables ocasiones a través de los tiempos, desde el comienzo del mundo, una mujer había tocado a un hombre y lo había cambiado por completo.

Esa joven, la que vi por primera vez en una fotografía, es ahora mi esposa, Ruth. Juntos hemos construido un nido de amor donde nacieron y crecieron nuestras cuatro hermosas hijas: Karina, Marilyn, Evelyn y Jesica.

EL LADO OSCURO DE LA LUNA

Las mujeres pueden provocar los sentimientos más nobles en el corazón de un hombre; pero al mismo tiempo, pueden causar las más profundas heridas. La música es prueba de ello. Desde el lánguido lamento de las baladas de la música *country*, hasta el airado grito del tango, las canciones testifican de la profundidad de ese dolor. Las parejas que ayer se abrazaban frente al altar, hoy sucumben ante el alcohol para matar el dolor que asfixia el amor que alguna vez floreció entre ellos. ¿Cómo puede algo que comenzó con tanta belleza en un lecho de flores, terminar tan trágicamente en la parcela de un cementerio?

La raíz del problema se remonta a los comienzos del mundo. Todo pecado afecta las relaciones en dos niveles: vertical, entre las personas y Dios, y horizontal, entre dos o más personas. Cuando Adán y Eva experimentaron el pecado, además de quebrar su comunión con Dios, también quebraron la comunión que había entre ellos. La perfecta intimidad que habían conocido quedó destrozada. El mismo Adán que días antes describiera a Eva como "hueso de mis huesos y carne de mi carne" y que creó la palabra para nombrarla, ahora se aparta de ella y la acusa ante Dios de ser el origen de su miseria espiritual.

El primer pecado creó una brecha entre el hombre y la mujer, la de los sexos, que es la brecha horizontal más antigua. Desde aquel triste día en el huerto, hombres y mujeres han sufrido sus consecuencias, la más devastadora de las cuales es la tremenda sensación de estar incompletos que ambos arrastran cuando no están en armonía. Esto, a su vez, le ha dado una tremenda ventaja al diablo. Nunca el axioma "divide y vencerás" ha rendido dividendos tan altos como cuando Satanás lo aplicó a la brecha entre los sexos.

Jane Hansen, la presidenta de Aglow Internacional, captó la urgencia y la relevancia de esto al decir: "Cuando Dios creó a Adán, lo hizo a su propia imagen, varón y mujer. Ambos componentes estaban en Adán. Cuando Dios tomó parte de Adán para crear a Eva, él se convirtió en totalmente masculino, mientras que ella pasó a personificar la dimensión femenina de Dios. Es imperativo que hombres y mujeres se reconcilien, de manera que puedan expresar plenamente la imagen de Dios en la tierra".[6] Ningún énfasis que se agregue a las palabras de Jane Hansen es suficiente: ¡Hombres y mujeres *deben* reconciliarse para reflejar a Dios sobre la tierra!

LA PRIMERA PÉRDIDA

Cristo vino a buscar y salvar lo que se había perdido. En un sentido horizontal, la primera pérdida fue la intimidad y la igualdad entre el hombre y la mujer. Sus consecuencias se multiplican a través de los siglos. La necesidad de sanidad entre los sexos va más allá de los hombres y las mujeres. Afecta a las instituciones, seculares y religiosas, así como a las familias.

Aunque el Antiguo Testamento concluye con una nota de gran esperanza, prediciendo que en los últimos días Dios hará volver los corazones de los padres hacia sus hijos (véase Malaquías 4.4-6),

---

6   Jane Hansen (presentación en la reunión anual del Consejo Internacional de Apóstoles, Dallas, Texas, 8 de diciembre de 2000).

para que esto suceda, los padres deben, primero, estar reconciliados entre sí. La reconciliación es necesaria porque muchos, si no la mayoría de los problemas de los jóvenes hoy en día, son la expresión visible de las raíces escondidas debajo de los problemas no resueltos entre los sexos que se remontan al huerto del Edén.

EL ANTICUERPO

La reconciliación entre hombres y mujeres es la clave. Pero dentro de esta clave existe otra: la restauración de la mujer. Los hombres construyen casas, pero las mujeres son quienes las convierten en hogares. Es esta extraordinaria capacidad de alimentar y nutrir la que se debe afirmar y liberar.

Como a Eva en el huerto, el diablo les ha mentido a las mujeres. Como Adán en aquel fatídico día, los hombres continúan fortaleciendo la conspiración con su silencio y sus juicios. Las consecuencias son dolorosas y han alcanzado carácter de epidémicas, ya que toda generación nace con este virus.

Aunque la muerte de Cristo cambió todo, la mayoría de las personas, aun los cristianos, todavía no saben que existe una vacuna divina para esto. Cristo se inyectó a sí mismo la bacteria mortal y la venció, produciendo así anticuerpos que salvan las vidas. "Porque todos los que habéis sido bautizados en Cristo, de Cristo estáis revestidos. Ya no hay... varón ni mujer; porque todos vosotros sois uno en Cristo Jesús" (Gálatas 3.27-28).

Es hora de que la cadena de desesperación se rompa y de que las mujeres tomen el sitial de honor que Cristo tiene para ellas. No se trata de un lugar de pasividad. Todo lo contrario: es el frente mismo de los planes de Dios. La Biblia abre con una amenaza de Dios a Satanás: "Pondré enemistad entre ti y la mujer" (Génesis 3.15) y cierra con la figura de una ciudad donde multitud de personas habitan con Dios para siempre porque la simiente *de la mujer* (Jesús) ha aplastado la cabeza de Satanás (véase Apocalipsis 21).

Se acerca rápidamente el día en que las mujeres de todo el mundo escucharán la palabra "¡Pelea!" y pelearán. Pero para que esto suceda, hombres y mujeres deben tomar conciencia de la red de sutiles mentiras que han aceptado y por medio de la cual las mujeres han sido sometidas.

El poder que refuerza estas mentiras es la falta de reconciliación entre ambos sexos. No sólo las mujeres están prisioneras de ella, sino también los hombres, porque ellos nunca llegarán a ser todo lo que deberían ser hasta que se conecten nuevamente con la "ayuda idónea". Sin esta reconciliación, tanto hombres como mujeres están totalmente... incompletos.

Las mujeres son, realmente, la música del corazón. Cuando se las ignora o se las maltrata, es como si la sección de cuerdas y la sección de bronces de una orquesta sinfónica quedara muda en medio de un concierto. Peor aún; cuando las mujeres sufren maltrato, como veremos en el próximo capítulo, los instrumentos sufren daños irreparables.

CAPÍTULO 5
ABUSO ESPIRITUAL: MUERTE CON SILENCIADOR

Era la primera noche de una conferencia de tres días de duración en la que yo era el orador principal. Me había preparado en oración, y cuando el pastor que oficiaba de anfitrión me presentó, estaba listo para ministrar. Mientras me acercaba al púlpito, Dios me confió, de manera verdaderamente inusual, algunos datos muy delicados sobre una persona de la congregación.

Mis ojos se dirigieron hacia una mujer sentada en la primera fila, a quien yo nunca había visto antes. Tenía poco más de cincuenta años, era de contextura pequeña, y de cabello castaño corto. Lo que captó mi atención no fue su aspecto, sino la información privilegiada que Dios había puesto en mi corazón con respecto a ella. Me reveló que esta mujer era víctima de incesto, y aún peor, que su padre era el abusador. Dios también me dijo que esta mujer tenía una personalidad fragmentada y que había intentado asesinar a personas cercanas a ella, no una, sino dos veces.

Como pueden imaginar, este tipo de información no es para mencionarla a voz en cuello a toda la congregación. Por lo tanto, le pregunté al Señor qué debía hacer yo al respecto, y sentí que me decía que esperara. Durante los dos días siguientes ministré desde el púlpito, según lo planeado. El último día, mientras almorzaba con el pastor en su estudio, él me dijo:

—Hermano Ed, podría ayudarme con un caso bastante difícil.

—¿Se trata de una mujer de poco más de cincuenta años, de cabello oscuro y contextura pequeña? —pregunté sin dudar

—Sí —respondió.

—¿Fue víctima de incesto, de parte de su padre? —El pastor se quedó con la boca abierta cuando terminé diciendo— ¿Tiene personalidad fragmentada y ha tratado de matar a alguien?

—¿Quién le dijo eso? —preguntó atónito.
—Dios —repliqué.
El pastor se levantó de un salto y fue a buscar a la mujer. Poco después ella entró al estudio, acompañando al pastor, y me contó la historia más triste que yo jamás haya escuchado.

Su padre había abusado sistemáticamente de ella desde que tenía poco más de dos años. Ni una semana pasaba sin que se aprovechara de ella, algunas veces todos los días de la semana. Me dijo que cuando cumplió siete años reunió suficiente valor como para contarle a su madre lo que su padre le estaba haciendo. En lugar de rescatar a su hija, la madre la acusó de inventar historias. La golpeó salvajemente y peor aún, le prohibió que visitara a su abuela. Esto fue para ella mucho más doloroso que los golpes, porque ir a la casa de su abuela era su única posibilidad de escapar del abuso sexual. Ese día decidió matarse y corrió hacia un río con intenciones de ahogarse. Fue salvada a último momento, pero el abuso continuó.

Mientras estaba en la escuela secundaria, intentó cortarse las venas, pero fue salvada nuevamente. Cuando estaba saliendo de la adolescencia, un día, después que su padre la violó, la pateó en el suelo y salió enfurecido del cuarto, ella se hizo una promesa. Juró que cuando reuniera suficiente dinero como para comprar un arma lo mataría, sin tenerle compasión alguna. Aunque no llegó a cumplir su amenaza, vivir a la sombra de la misma hacía que su existencia fuera aún más miserable.

Yo sentía el tormento que la invadía por dentro y por fuera. Oleadas de dolor brotaban de ella, hasta llenar todo el cuarto. Continuó contándome que antes de convertirse había tenido cinco personalidades. Después de su conversión dos de las personalidades habían desaparecido, pero una de las tres que quedaban era extremadamente violenta, y le hacía perder el control. Dos veces estuvo a punto de asesinar a familiares cercanos. La primera vez trató de atropellar a su esposo con el auto. La segunda vez, mientras estaba cocinando, casi mata a uno de sus hijos con un cuchillo.

Fijando sus ojos llenos de dolor en mí, me preguntó: "¿Por qué? ¿Por qué me sucedió esto?" Su mirada reflejaba el más profundo y horrendo pozo de dolor. Había tocado fondo, y ahora yacía, sin remedio, tendida sobre un montón de estiércol.

ABUSO SEXUAL

Un abuso sexual como el que experimentó esta mujer se produce en un contexto de violencia explícita que hace que la maldad del acto sea muy evidente e innegable. No hay duda que Satanás provoca ese abuso en todo lugar y todo momento que puede hacerlo. También es claro que Dios puede sacar a las mujeres de ese denigrante estado, y sin duda lo hace.

ABUSO ESPIRITUAL

Traumático como es el abuso sexual, existe otra clase de abuso también que es cada vez más común: yo lo llamo "abuso espiritual". Tal violación generalmente tiene lugar en un ambiente piadoso, muchas veces con música inspiradora de fondo y la Biblia blandiéndose desde el frente. Parece tan justo que denunciarlo suena a blasfemia. Y por ello continúa sin ser expuesto, en su mayor parte, en la iglesia.

¿Por qué se abusa de las mujeres? ¿Por qué se las viola, no sólo sexualmente, sino también espiritualmente? ¿Por qué hay tantas esposas maltratadas a las que consejeros "espirituales" les dicen que deben someterse ciegamente a esposos que abusan de ellas... consejos que la mayoría de las veces acarrean consecuencias desastrosas?

¿Por qué los dones espirituales confiados a las mujeres son, con frecuencia, abiertamente descalificados, como provenientes de la carne o del diablo? Algunas mujeres pueden no haber sufrido abuso sexual, pero las otras clases de dolores que han sufrido tal vez sean igualmente malos, porque personas a las que les han enseñado que deben respetar y obedecer, censuran sus dones. Vez tras vez, se descalifica a las mujeres solamente por ser mujeres.

SIEMPRE UNA PREGUNTA

Mientras las víctimas del abuso sexual inmediatamente despiertan compasión y deseos de ayudar, a las mujeres que sufren abuso espiritual se las considera rebeldes, ambiciosas y no femeninas; muchas veces se las acusa de tener "el espíritu de Jezabel". Las acusaciones que se dirigen contra ellas generalmente están bien recubiertas de versículos bíblicos. Es como ser asesinado con una pistola con silenciador. No hay ruido, pero la bala sigue siendo definitivamente letal.

Después de 2.000 años de gracia sin restricciones, ¿por qué aún se reprime a las mujeres en la iglesia? ¿Por qué no se da crédito a su voz, excepto cuando cantan como fondo musical de los varones? ¿Por qué deben probar constantemente que Dios les ha confiado dones espirituales? ¿Por qué deben demostrar que su unción es tan real como la de los hombres?

Parece que no importa si la persona es una joven mujer latinoamericana aspirante al ministerio o Anne Graham Lotz, hija del mundialmente famoso evangelista Billy Graham, que ha heredado el manto de su padre para el evangelismo. Parece que las mujeres, sin importar quiénes sean o qué tratan de hacer en el ministerio, constantemente deben demostrar que el mismo es genuino. No importa que sean mujeres de Dios, ni que sus ministerios den incuestionablemente gloria al Señor. Muchas veces tampoco interesa que miles de personas sean salvas y edificadas gracias a su labor.

Si el ministro que oficia es una mujer, los resultados son cuestionados automáticamente, la mayoría de las veces, por hombres. Cuando se les pide una razón para ello, la respuesta es, casi siempre: "Es una mujer. Se supone que no debería estar haciendo eso". Suena como si se hablara de un caso de SIDA: se debe poner al portador en cuarentena, e intentar destruir el virus. Todo esto constituye abuso espiritual.

CUANDO LAS MUJERES LEVANTAN LA MIRADA

No desesperemos; la libertad y la sanidad están al alcance de las personas de ambos sexos. Mujeres, si sienten que han caído demasiado bajo como para tener esperanza alguna, quisiera recordarles que una vez que uno toca fondo, sólo hay un lugar a donde ir: ¡arriba!

Y arriba irán, con la ayuda de Dios, porque el tiempo y las profecías están de parte de la restauración de la mujer. Cuando Pedro predicó su primer sermón, fuera del aposento alto, citó a un profeta del Antiguo Testamento, Joel (véase Hechos 2.14-21). Dios había hablado a través de Joel muchos años antes, anunciando que en los últimos días hijos e hijas, siervos y siervas, hombres y mujeres, serían restaurados y ministrarían juntos en medio de un río de avivamiento.

Este río será tan profundo y ancho que abarcará a *toda carne*, de manera que "todo aquel que invocare el nombre del Señor, será salvo" (Hechos 2.21) y comenzará una era de armonía entre hombres y mujeres. La reconciliación de los sexos será la señal distintiva del avivamiento final, el más poderoso, dado que cubrirá toda la tierra y tocará a toda carne. Hombres y mujeres ministrarán codo a codo en medio de la más increíble demostración del poder de Dios. En ese preciso momento, la cabeza de Satanás será aplastada para siempre.

Para comprender mejor cómo se desarrollarán estos hechos, necesitamos comprender por qué Satanás dirigió su ataque hacia Eva, en lugar de hacerlo sobre Adán. Estudiaremos más profundamente este tema en el próximo capítulo.

CAPÍTULO 6
INTOLERANCIA CON SILENCIADOR

Fue el carácter singular de Eva lo que la convirtió en el blanco de las intrigas de Satanás. Sus puntos fuertes, más que sus debilidades, hicieron que el diablo le prestara especial atención. Eva, como expresión de la más sofisticada obra maestra de Dios, especialmente en su capacidad única de abrigar y nutrir la vida, sin duda captó la atención de Satanás. Como era vulnerable, el ataque dirigido a ella tendría efectos más devastadores.

Satanás preparó una trampa, Eva cayó en ella, y mucho se perdió ese día. A través de la más exquisita y delicada expresión de la creatividad de Dios se abrió la puerta para que el veneno infectara a toda la creación, lo cual provocó dolor, degradación y un cataclismo de penurias sobre la raza humana toda, que ella y Adán habían comenzado. El daño fue de tal magnitud que para revertirlo sería necesario que Dios mismo interviniera a través de un nacimiento milagroso, muchos años después.

El primer pecado, además de separar al hombre de Dios, creó la primera brecha de separación entre seres humanos: la brecha de los sexos. Dado que esta separación involucra a hombres y mujeres en el más profundo nivel, también afecta a todo lo demás en el mundo. La imagen de Dios se refleja tanto en el hombre como en la mujer. De todo lo que Dios creó, los únicos que hizo a su imagen fueron el hombre y la mujer. La brecha que separa a ambos hizo que esa imagen se viera manchada. La brecha que degrada a las mujeres hace que la restauración sea imposible. La brecha que evita que los hombres vean a las mujeres como sus iguales los deja en un lamentable estado, incompletos. Se debe quitar esa brecha para que la imagen de Dios vuelva a expresarse plenamente una vez más en el planeta Tierra.

LA BRECHA DE LOS SEXOS

Jesús vino para recobrar todo lo que se había perdido, desde lo primero hasta lo último. La primera pérdida humana fue la dignidad de la mujer y su posición junto al hombre como compañera y ayuda idónea. Así trató Dios a Adán y Eva antes de la caída: Los bendijo y les ordenó a *ambos* llenar la tierra y sojuzgarla, y a *ambos* les dio poder para señorear sobre todos los seres vivientes (véase Génesis 1.28).

Como administradores de la creación de Dios, eran compañeros en igualdad de condiciones. Tal paridad se destruyó cuando el pecado entró al mundo (véase Génesis 3.16). Por consiguiente, esta debería ser la primera pérdida humana en recuperarse de este lado del Calvario. Lamentablemente, no ha sido así.

ENTREGA DE PREMIOS

Cuando Jesús clamó: "Consumado es" (Juan 19.30), se completó la transacción, desde la perspectiva de Dios. Había dado solución al pecado, que ya no constituiría una barrera entre el cielo y la tierra. Pero en lo que concierne a la vida en la tierra, la posición que la mujer gozaba antes de la caída aún no ha sido reinstaurada. Dios ganó la medalla, pero la iglesia todavía no ha celebrado la entrega de premios. Lo vemos confirmado en la posición de subordinación que las mujeres continúan sufriendo en el mundo, aun en la iglesia.

Veo pruebas de esto cuando llevo a cabo mis seminarios sobre cómo alcanzar a las ciudades. Una de las sesiones más importantes trata en profundidad las exhortaciones de Pablo en el libro de Efesios, de restaurar toda relación rota a fin de poder confrontar a las fuerzas del mal (véase Efesios 6.11). Con esto en mente, Pablo ordena a los cristianos que tiendan puentes sobre las seis brechas que afectan a los grupos étnicos (capítulo 2), a los santos (capítulo 3), a los ministros (apóstoles, profetas, evangelistas y pastores-maestros, capítulo 4), esposos y esposas, padres e hijos (capítulo 5), y amos y esclavos (capítulo 6).

Cuando exhorto a las personas que participan de estos seminarios a arrepentirse de todo prejuicio, intolerancia o racismo, se produce una tremenda demostración pública de arrepentimiento. Los carismáticos confiesan pecados contra los no carismáticos. Los padres se arrodillan frente a sus hijos, y viceversa. Las personas de raza blanca y las personas de color renuncian al racismo. Cada una de esas brechas se sana rápidamente, excepto la de los sexos.

Una y otra vez veo hombres llorando, abrazados a los pies de otros hombres, pidiéndoles absolución, que sin embargo se vuelven de piedra cuando se les exhorta a pedir perdón a las mujeres que asisten a la clase con ellos. Inmediatamente adoptan una postura desafiante, como diciendo: "¿Qué quiere decir con que debemos arrepentirnos ante las mujeres?" El hecho de que la brecha entre los sexos existe y debe cerrarse es algo que les pasa completamente por alto.

Esta reacción se vuelve aún más belicosa cuando sugiero que su arrepentimiento también debe dirigirse a las mujeres que están en el ministerio. "¿Mujeres en el ministerio?" Reaccionan ante la idea con una indignación semejante a la que sentirían si se les propusiera algo blasfemo. No importa que las mujeres hayan estado en el ministerio durante siglos, y que las huellas de su andar con el Señor atraviesen toda la iglesia. La noción de que se les pida un reconocimiento y un arrepentimiento público es tan detestable para ellos como si se sacara a la luz en público un secreto familiar.

SUTILES PREJUICIOS

Un colega mío estaba criticando a una mujer ministra que había participado activamente en actos de reconciliación en una de nuestras conferencias. También se molestó cuando algunos sugerimos que para tratar este delicado y elusivo tema era mejor comenzar por admitir que todos cargamos un cierto grado de intolerancia, y partir de esa base. Su idea era: "No somos intolerantes. ¿Por qué hacer tanto alboroto por algo que no existe? [A los hombres] nos molesta que se insinúe que somos prejuiciosos, especialmente cuando lo hacen las mujeres".

Un par de colaboradores y yo nos reunimos con él y su equipo para hablar de los temas que lo preocupaban. Debo decir que éramos un grupo de experimentados ministros, pastores y teólogos de lo mejor. Éramos todos "hombres de Dios", conocedores de las Escrituras y elocuentes predicadores.

Después de una oración inicial, se sugirió que nos examináramos a nosotros mismos para descubrir si existía en nuestro interior el conocido prejuicio de hombres contra mujeres. Uno tras otro, expresamos convincentes opiniones justificando nuestra posición sobre el tema. Después de una extensa discusión enteramente parcial, mi colega presentó como testigos de su carácter a sus colaboradores varones y con absoluta sinceridad manifestó: "No creo tener ningún prejuicio". Inmediatamente un manto de absolución descendió sobre el grupo. ¡Era tan agradable escuchar a alguien declarar sin lugar a dudas que no éramos un montón de intolerantes!

Miré a mi alrededor y conté doce hombres y una mujer... sentada en un rincón, con los labios sellados. Si la situación no hubiera sido tan patética, habría sido graciosa: aquí estábamos nosotros, ¡un grupo de doce hombres hablando sobre las mujeres y absolviéndonos pomposamente de toda intolerancia! ¡Qué típico de nosotros los hombres justificarnos de algo relativo a las mujeres sin molestarnos en preguntar a la única representante del sexo femenino presente, cómo veía ella todo el asunto!

LAS RAÍCES DE LA INTOLERANCIA

La intolerancia existe desde el mismo comienzo. Adán lo demostró justo después de la caída, cuando para defenderse a sí mismo, culpó a "la mujer que me diste por compañera" (Génesis 3.12). Pero muy pocas cosas han legitimado más nuestra prejuiciosa visión de la mujer que la reflexión teológica surgida en medio de las guerras religiosas de la época de la Reforma, cuando se sentaron las bases de nuestra actual teología.

Hasta ese momento, la teología católica había limitado severamente a las mujeres. En lo que respecta al ministerio, a lo máximo que una mujer podía aspirar era a convertirse en monja, excepto aquellas que fueron mártires de la fe. Esta visión restrictiva de la mujer refleja el pensamiento de la Edad Media, más que la prominencia que se les otorga en las Escrituras. En tal contexto, cualquier nueva teología de los sexos estaba destinada a ser vista con malos ojos por los eruditos religiosos varones que gobernaban los talleres de la recién establecida y aún no probada teología protestante.

Satanás debe de haber previsto a los fieros predicadores esparciendo las buenas nuevas por todas partes, y comprendió que el mundo entero estaba a punto de escapar de sus garras. Había gobernado este mundo impunemente durante casi un milenio, tiempo en que las Escrituras se volvieron inaccesibles, en que el cristianismo había llegado a estar plagado de ritos y los líderes de la iglesia generalmente eran elegidos por fuerzas seculares corruptas. Sospecho que Satanás, sabiendo que carecía de poder para detener el recién descubierto mensaje de salvación, trató, en cambio, de concentrar sus recursos en cegar los ojos de los nuevos teólogos a la restauración de la mujer. Si no podía evitar que el mundo entero escuchara el mensaje de liberación, al menos impediría que la mitad de él experimentara la libertad en toda su plenitud.

UN MAL MODELO

El mejor golpe de Satanás fue el que asestó a través de los eruditos atrapados en las ardientes pasiones encendidas por las guerras religiosas. Un caso que conviene mencionar aquí es el de un excelente, valiente escocés cuyo amor por su país sólo era superado por su amor por Dios: John Knox.

Knox era un reformista protestante y patriota, y como tal, haría cualquier cosa por evitar que el trono de su amada Escocia pasara a manos de un monarca católico. Cuando María Estuardo reclamó el trono, Knox la combatió con todo lo que disponía a su alcance. Dado que era un teólogo, la teología se convirtió en su arma elegida, pero pronto se encontró atrapado entre temas opuestos. Por un lado, como expresión práctica del principio de que toda autoridad es instituida por Dios, creía que Dios había ordenado que existieran los monarcas. Pero su convicción chocaba contra el anticatolicismo que brotaba de sus entrañas. No podía aceptar que Dios eligiera a un católico para el trono, aunque la legitimidad del reclamo de María era impecable.

Para resolver esta tensión, afirmó el principio de la autoridad en general, al tiempo que desafiaba el derecho de María al trono, fundamentalmente basándose en el hecho de que ella era una mujer. Como teólogo, interpretó pasajes bíblicos que tratan sobre el rol y la posición de las mujeres en la forma más restrictiva posible. Al colocar todo el énfasis en lo que la Biblia dice que las mujeres *no* deben hacer, Knox cerró sus propios ojos, y los de sus seguidores, a las muchas cosas que las mujeres sí tienen derecho de hacer.

UNA TEOLOGÍA POCO FIRME

Knox, que hizo grandes contribuciones a la iglesia en tantos temas, no fue deshonesto en su manejo de las Escrituras, pero las pasiones políticas descontroladas que barrían su país tiñeron sus conclusiones. En su afán por negarle a María Estuardo el derecho y la autoridad de gobernar, se mezcló con la autoridad de la mujer en general. Lo hizo en un momento en que el protestantismo estaba surgiendo como fuerza poderosa dentro del cristianismo. Al implantar sus opiniones subjetivas durante la formación de la iglesia protestante, sin saberlo, inició un proceso que transportó estas opiniones a toda la tierra, a medida que el movimiento expandía sus fronteras. Pero la mayor pérdida fue la oportunidad de producir la reflexión teológica necesaria para que las mujeres fueran totalmente restauradas.

Hoy, la mayoría de quienes se endurecen cuando se les pide que se humillen delante de las mujeres, no se dan cuenta de que la reflexión teológica subyacente bajo sus creencias es relativamente nueva. Sus raíces se remontan a menos de 500 años. Necesitamos poner en perspectiva esta minúscula fuente de la cual muchas veces se ha sacado agua para regar la teología que desmerece a un género. Las suposiciones erróneas sobre el rol y la posición de las mujeres en la iglesia han hecho que interpretemos ciertos pasajes claves en una forma restrictiva. Un ejemplo de ello es 1 Timoteo 2.8-15:

> Quiero, pues, que los hombres oren en todo lugar, levantando manos santas, sin ira ni contienda.
> Asimismo que las mujeres se atavíen de ropa decorosa, con pudor y modestia; no con peinado ostentoso, ni oro, ni perlas, ni vestidos costosos, sino con buenas obras, como corresponde a mujeres que profesan piedad. La mujer aprenda en silencio, con toda sujeción. Porque no permito a la mujer enseñar, ni ejercer dominio sobre el hombre, sino estar en silencio. Porque Adán fue formado primero, después Eva; y Adán no fue engañado, sino que la mujer, siendo engañada, incurrió en transgresión. Pero se salvará engendrando hijos, si permaneciere en fe, amor y santificación, con modestia.

Cuando estudiamos este pasaje a través de una lente tradicional, encontramos que se les imponen tres restricciones a las mujeres:

- no deben adornarse en exceso (v. 9);
- deben recibir instrucción en silencio, con toda sujeción (v. 11);
- no deben enseñar ni ejercer autoridad sobre hombres (v. 12).

Las razones que se dan para ello son que el hombre fue creado primero (v. 13), y que Eva fue engañada y cayó en transgresión (v. 14).

EL PRIMER CÓDIGO DE VESTIMENTA FEMENINO

El contexto de este pasaje son las instrucciones de Pablo para hombres *y* mujeres sobre cómo conducirse y participar en las reuniones públicas de oración (1 Timoteo 2.1-8). Antes de analizar las restricciones, asegurémonos de no pasar por alto tres puntos positivos muy importantes:

1. Las mujeres pueden participar de reuniones religiosas públicas (véase 1 Timoteo 2.9). Esto constituye una importante diferencia con respecto a lo acostumbrado hasta el momento. En ese tiempo, ni los romanos ni los judíos permitían que las mujeres participaran activamente en las ceremonias religiosas. Los templos paganos empleaban mujeres como prostitutas sagradas, una ocupación muy degradante. El concepto de que las mujeres participaran en reuniones públicas era tan nuevo, que Pablo debe ir a lo básico: ¿Qué debe vestir una mujer en tal ocasión? Si Pablo no estuviera hablando de una reunión pública, no habría necesidad de que diera instrucciones sobre cómo vestirse. Además, Pablo trata de dejar en claro que el hecho de que alguien llevara puesta una vestimenta inconveniente no distorsionaría el propósito de la reunión. Los no creyentes que vieran a las mujeres cristianas en público no debían distraerse con su apariencia de tal manera que dejaran de reconocer su piedad (1 Timoteo 2.10).
2. Pablo específicamente declara que las mujeres deben adornarse con buenas obras. Dado que el texto presenta estas obras como algo que los curiosos deberían poder notar, por lo tanto, Pablo sin duda está hablando de obras públicas. Estas se deben ver tan claramente como la vestimenta que llevan puesta.
3. Pablo declara que a las mujeres debe enseñárseles ahora en la misma manera y en el mismo ambiente en el que tradicionalmente han recibido instrucción los varones.

   Lamentablemente, cuando llegamos al punto en que Pablo dice que las mujeres no deben enseñar ni tener autoridad, muchas veces vemos estas restricciones como el punto principal de la enseñanza del apóstol. Cuando lo hacemos, pasamos por alto lo que *sí* les permite hacer. Pablo les permite participar en reuniones de carácter religioso, hacer obras buenas en público y recibir enseñanza. Estudiemos más en profundidad este último punto.

UNA GRAN REVOLUCIÓN SOCIAL

La educación universal ha hecho posible que las niñas reciban instrucción junto con los varones. Este es un derecho tan aceptado que para nosotros, en el siglo veintiuno, es imposible apreciar la naturaleza revolucionaria de las palabras de Pablo en el contexto de su tiempo. En la época de Pablo, las mujeres no recibían instrucción. Lo que él presenta es más radical que la revolución francesa y la estadounidense juntas, dado que afectaba a la mitad de la población del mundo. Pablo especifica que a las mujeres ya no se las debía manteer en la ignorancia, sino que debían recibir enseñanza de la misma manera que la habían recibido los hombres a lo largo de los siglos.

Más que un simple paso, este es un salto gigantesco para las mujeres, ya que en la época del Nuevo Testamento, aunque se las consideraba superiores a los animales, eran vistas como inferiores a los hombres.

CREACIÓN Y PECADO

Pablo, habiendo establecido que las mujeres tenían derecho a tres extraordinarios privilegios, pasa a presentar dos restricciones: no deben dominar a los hombres, ni enseñarles en forma contenciosa.[7] Para demostrar que esto no es una decisión arbitraria de su parte, ofrece un doble razonamiento: Adán fue creado primero (v. 13), y Eva fue la que cayó en transgresión (v. 14). Tradicionalmente hemos fundido estos dos conceptos y por consiguiente, hemos extraído conclusiones incorrectas.

Pablo presenta dos ideas diferentes. Una es el orden de la creación: Adán fue creado primero. La otra es el orden en que se *introdujo* el

---

7   En 1 Timoteo 2:11-15 Pablo escribe, "No estoy permitiendo [en el griego presente indicativo Ouk epitrepo, un tiempo progresivo) a la mujer/esposa [en el griego gune] enseñar o ejercer autoridad [en el griego authentein] a un hombre/esposo [en el griego aner]". El verbo griego authentein significa "dominar" no simplemente ejercer autoridad", de acuerdo al léxico estándar del griego/inglés del Nuevo Testamento (Bauer, Arndt, Gingrich, Danker, A Greek Lexicon of the New Testament [Chicago: University of Chicago Press, 1979] p. 121).

pecado: primero, a través de la transgresión de Eva. Estos dos órdenes no pueden combinarse, ya que son incompatibles. El primero representa un absoluto que no puede ser alterado; el segundo es condicional y como tal, está sujeto a modificación.

Cuando se los toma como uno, la *inmutabilidad* del orden de la creación es incorrectamente transferida a las restricciones de Pablo, evitando así que veamos el carácter *relativo* de las consecuencias de la transgresión de Eva, que la cruz hizo nulas. Separar ambos es esencial para comprender lo que Pablo realmente enseña aquí acerca de las mujeres.

NO DEBEN MEZCLARSE

El orden de la creación es inalterable e irreversible. Adán fue creado primero, y no hay nada que nadie pueda hacer para cambiar ese hecho. Por otro lado, el orden en que el pecado *entró* a la raza humana es resultado de una decisión tomada por una persona que no era Dios; en este caso, Eva. Ella decidió desobedecer a Dios, y de esta manera se convirtió en la primera en caer en transgresión. Hasta es posible que después de perder su inocencia haya contribuido a sabiendas a la caída de Adán, invitándolo a comer la fruta que ella ya sabía que era mala.

UN CASTIGO MÁS SEVERO

Dios dictó sentencia y castigó a Adán y Eva con separación, dolor y dificultades (véase Génesis 3.16-19), pero a Eva le agregó una humillación: hizo que su deseo estuviera sujeto a Adán (v. 16). Parte de la razón de esto es que su transgresión había constituido un acto premeditado y como tal, merecía un castigo más severo.

¿Cómo se ha manifestado este castigo adicional a lo largo de los años? Los hombres, ejerciendo esta posibilidad de gobernar a las mujeres, decidieron mantenerlas en la ignorancia y en un estatus social inferior. Esta es la consecuencia directa de la transgresión de Eva. Es por ello que Pablo dijo a los hombres que eliminaran tal situación, revirtiendo el estado de ignorancia impuesto sobre las mujeres cuando su deseo quedó sujeto al de sus esposos. Con el fin de equilibrar las consecuencias del primer pecado, Pablo indica a los hombres que pongan a las mujeres a la par de ellos, por medio de la enseñanza. ¡Esto no es una degradación, sino un adelanto!

Si Pablo estaba reprendiendo a alguien, es a los hombres, no a las mujeres. Cuando relaciona la necesidad de que los hombres instruyan a sus esposas con la transgresión de Eva, es para destacar el hecho de que Eva cayó porque Adán no la instruyó como correspondía. Él era quien había recibido la prohibición de comer del árbol, y conocía los detalles, mientras que ella lo había escuchado de segunda mano. A juzgar por la manera en que Eva manejó mal la información cuando la serpiente la confrontó, Adán, aparentemente, no le había dado las instrucciones correctas.

Satanás cuestionó a Eva en forma engañosa, incluyendo a todos los árboles en la prohibición que Dios le dio. Eva respondió que no era así, pero reaccionó en forma exagerada, agregando que el árbol no se debía tocar (véase Génesis 3.3). Dios nunca dijo que no podían tocar ese árbol, pero en un contexto de mentiras armado por el mismo padre de mentira, y con Eva manejando información de oídas, la verdad quedó distorsionada. Adán vio que a Eva la estaban engañando, y también que estaba respondiendo en forma incorrecta. Pero simplemente se quedó junto a ella sin hacer nada para instruirla. La exhortación de Pablo a los hombres es que no les fallen a sus esposas en la misma manera que Adán le falló a la suya.

EL PRIMER CUADRO

Las restricciones que Pablo da en cuanto a que no debe permitírseles enseñar a las mujeres deben considerarse un principio que constituye parte de un proceso, más que una regla fija. Él estaba escribiendo a un grupo específico de personas en el siglo primero; a una mujer o un grupo de mujeres que eran contenciosas y tiránicas, como sugiere el mandato de 1 Timoteo 2.11-12 de que aprendan "con toda sujeción" y "en silencio" [con actitud pacífica]. El principio que Pablo presenta aquí es universal y transcultural, pero la situación local en la que lo hace no es lo uno ni lo otro. Tendemos a considerar las instrucciones de Pablo como si fueran la imagen final, cuando en realidad sólo es el primer cuadro del rollo de la película. Pablo habla sobre la situación degradada de las mujeres en su punto más bajo, en el comienzo del cristianismo, e introduce un principio para restaurarla a su esplendor original. Lograr esto, sin duda, llevaría tiempo.

Desde su ubicación privilegiada, al comienzo de la era cristiana, Pablo describe el primer cuadro de la película. Este cuadro muestra a mujeres que no habían recibido instrucción, a las que debe enseñárseles primero, para conformarlas a la incipiente dispensación de la gracia. A medida que la película avance hacia el futuro, surgirá una nueva imagen: a medida que progrese, la imagen de la restauración de las mujeres estará, sin duda, mucho más desarrollada que la que podía verse en la época de Pablo.

APRENDER ANTES DE ENSEÑAR

Pablo amonesta a las mujeres para que no enseñen, principalmente porque hasta ese momento no habían recibido enseñanza, debido a las consecuencias de la transgresión de Eva. Un requisito previo básico para enseñar... es tener algo que enseñar. Dado que las mujeres no habían recibido instrucción, estaban en una posición desventajosa para enseñar, sobre todo en lo relativo a temas religiosos. Pero después de la muerte de Cristo, que dio solución al pecado de Eva, las mujeres debían recibir enseñanza.

¿Cómo adquiere algo para enseñar una persona? ¡Por medio de alguien que primero se lo enseñe! La implicancia es inevitable: una vez que la mujer ha recibido instrucción, está en condiciones de darla.

Cuando separamos el orden de la creación del orden en el que entró el pecado en la raza humana, en lugar de considerarlos como partes indisolubles de un todo, podemos ver el rol de la mujer bajo una luz mucho más coherente con la Biblia y con la distribución de los dones espirituales en la iglesia.

Pablo no puede estar impidiendo que todas las mujeres de

Éfeso enseñen o ejerzan algún tipo de autoridad sobre los hombres en general, porque sin duda sabía que Priscila había sido una de sus colaboradoras en Éfeso, donde Timoteo estaba ahora supervisando iglesias, y ella, junto con su esposo, había enseñado con gran provecho a Apolos (véase Hechos 18.26).

Además, en 1 Timoteo 2.11 Pablo ya no escribe acerca de las "mujeres" en plural, como lo hace en 1 Timoteo 2.9-10. Aquí habla de una "mujer" en singular, refiriéndose a una mujer, o a un número limitado de mujeres en Éfeso.[8]

Este tipo de prohibición sobre una esposa o algunas esposas contenciosas y dominantes está muy lejos de ser una prohibición generalizada de que las mujeres de Dios enseñen o ejerzan el ministerio al cual Dios las ha llamado en el Cuerpo de Cristo.

¿SALVARSE ENGENDRANDO HIJOS?

"Pero se salvará engendrando hijos, si permaneciere en fe, amor y santificación, con modestia" (1 Timoteo 2.15).

En este versículo Pablo dice que la mujer "se salvará engendrando hijos". ¿De qué clase de salvación está hablando? No puede ser la de la condenación eterna, porque Jesús mismo la proveyó. Según el contexto, debe ser la salvación de las consecuencias de la transgresión de Eva (v. 14), dado que este es el tema en discusión. ¿Cómo puede traer salvación el hecho de engendrar hijos?

La interpretación general apunta a un Hijo engendrado, Jesús, como simiente de la mujer. Sin embargo, en un aspecto más específico, puede referirse al evangelismo, como puede inferirse por la palabra griega que aquí se utiliza. La palabra es *teknogonea*, que en la versión Reina Valera de 1960 se traduce como "engendrando hijos". Tengamos en cuenta que esta palabra, que solo se utiliza una vez en

---

8   El Dr. Gary Greig abrió mi entendimiento respecto al significado de la palabra griega "gune" en 1 Timoteo 2:11-15 la cual se debería traducir como "esposa", y no como "mujer" porque Pablo hace referencia a Adán y Eva, los primeros esposos. Así que 1 Timoteo 2:12 se debe traducir "No estoy permitiendo que una mujer enseñe o domine a su esposo".

el Nuevo Testamento, no significa dar a luz hijos, sino darles origen. Fisiológicamente hablando, las mujeres pueden tener hijos, pero no pueden engendrarlos; esto es algo que sólo los hombres pueden hacer, porque implica depositar la semilla dentro de la mujer. Por lo tanto, Pablo seguramente está refiriéndose a algo distinto. Quisiera sugerir que está hablando aquí de engendrar hijos espirituales.

Esto se corresponde con el contexto de 1 Timoteo 1.15–2.15 que es el pasaje que nos muestra cómo evangelizar por medio de la oración. También está en armonía con el conocido texto sobre las mujeres evangelistas de Salmos 68.11 donde leemos: "El Señor daba palabra; había grande multitud de las que llevaban buenas nuevas".

LAS MUJERES COMO EVANGELISTAS

Es innegable que las mujeres constantemente juegan roles importantísimos en la tarea de llevar personas a Cristo, como abuelas, tías, madres y esposas. También es conocido que algunas de las más exitosas evangelistas públicas son mujeres. Esto es cierto, ya sea que hablemos de mujeres que hacen evangelismo casa por casa en el Tercer Mundo, o de Kathryn Kuhlman, Aimée Semple McPherson o la Madre Teresa; o, en la actualidad, Cindy Jacobs o Anne Graham Lotz. Estemos o no de acuerdo con su teología o sus métodos, no podemos negar que estas mujeres han llevado multitudes a Cristo.

Al utilizar la figura de engendrar hijos, con su connotación de traer nueva vida al mundo, Pablo parece sugerir que el éxito de las mujeres en el ministerio revertirá las consecuencias de la transgresión de Eva. En otras palabras, el fruto revelará las verdaderas raíces de este árbol aún no catalogado. Hay precedentes bíblicos de esto, que incluyen el hecho de que Dios presentara el principio radical de que los gentiles pueden ser salvos sin primero convertirse en judíos. Así como Pedro convalida la conversión de Cornelio a través de una experiencia espiritual verificable (hablar en lenguas, como vemos en Hechos 11.15-18), Pablo declara que en la medida que las mujeres que han recibido la instrucción adecuada comiencen a ministrar en forma efectiva, su estado restaurado será reconocido cuando el fruto de tal ministerio sea evidente. Tengamos en cuenta que Pablo abre este segmento sobre las mujeres haciendo énfasis en que hagan *buenas obras* que sean una evidencia tangible de su piedad interior.

PECADO E INIQUIDAD

Pablo hace depender el funcionamiento de esta salvación de que las mujeres puedan permanecer "en fe, amor y santificación, con modestia" (1 Timoteo 2.15). ¿Por qué plantea Pablo esta condición para que las mujeres sean libres de las consecuencias de la transgresión de Eva? Tiene que ver con la crucial diferencia entre pecado e iniquidad.

El pecado puede ser descrito como el acto malo en sí mismo, y la iniquidad, como sus consecuencias. El pecado es la desobediencia misma; la iniquidad es la marca que deja en quienes están involucrados en él o son alcanzados por él. Hoy, el *pecado* de la esclavitud ya no se practica en los Estados Unidos, pero la *iniquidad* de la esclavitud, es decir, sus consecuencias, es dolorosamente evidente. Los afroamericanos luchan en condiciones sociales, morales y económicas abrumadoras y denigrantes. Tienen índices alarmantes de embarazos adolescentes, desempleo y madres solteras, mientras que sus promedios de calificaciones en el ingreso a las universidades son extremadamente bajos.

Dios no castigará los pecados de los padres sobre los hijos después de la cuarta generación porque esos pecados fueron perdonados gracias a la muerte redentora de Jesucristo. Volver a ellos sería como intentar cobrar nuevamente un cheque ya pagado, especialmente aquel al que se le ha colocado un sello en tinta roja que dice: "PAGO TOTAL".

Por otro lado, las iniquidades, es decir, las consecuencias de esos pecados, están aún entre nosotros, porque trascienden las generaciones, y deben quitarse. El pecado en sí es intangible, pero sus consecuencias, no. Aquí es donde interviene la iglesia. Una vez que nuestros pecados intangibles son lavados, debemos avanzar para revertir sus consecuencias tangibles, primero en nuestras propias vidas y después en las vidas de los que son alcanzados por ese pecado, y finalmente en la sociedad misma. Esto debe hacerse por medio del arrepentimiento, la restitución y la restauración, que son lo opuesto de lo que hizo el pecado.

Dado que la sangre redentora de Jesús simboliza el divino sello de "PAGO TOTAL" sobre el pagaré que Satanás tenía para cobrarle a la humanidad, éste ya no tiene derecho a la propiedad que obtuvo a través del engaño en el huerto, porque Jesús redimió ese documento. Por eso la iglesia tiene el mandato de recobrar la posesión de aquello que le fue legalmente otorgado en el Calvario. Para lograr esto, debemos dar el siguiente paso y quitar todas las iniquidades existentes, obrando en un espíritu opuesto al espíritu del pecado que las creó. Por ejemplo, en el caso de la esclavitud, los de raza blanca deben servir, honrar y dar, antes que tomar, de sus hermanos afroamericanos. La clave es hacer restauración en el espíritu *opuesto*.

POR SOBRE TODO, MODESTIA

Esta es una moneda que tiene dos caras. Por un lado, a los hombres se les indica que reviertan siglos de opresión y que enseñen a sus esposas hasta que ellas lleguen al mismo nivel de ellos. Por otro lado, el camino para que las mujeres sean salvadas de las consecuencias de la transgresión de Eva está explicado en 1 Timoteo 2.15, donde se les indica que actúen en el espíritu opuesto a aquel que produjo la denigración en el primer momento. Deben permanecer en fe, amor y santificación, con modestia, de manera de desarrollar un estilo de vida que refleje exactamente lo opuesto de aquello que dio entrada al pecado en el huerto.

En el momento de la caída, Eva no le creyó a Dios. Las mujeres cristianas deben creer (es decir, tener fe). Eva no amó a Adán lo suficiente como para evitar atraerlo para que comiera algo malo que ella ya había probado. Las mujeres cristianas deben amar a sus esposos, aun a aquellos que son desobedientes a la Palabra (véase 1 Pedro 3.1). Eva decidió ensuciarse a sí misma y extender esa suciedad a Adán. Las mujeres cristianas deben permanecer en santificación por medio de las buenas obras, como corresponde a mujeres que profesan piedad (1 Timoteo 2.10).

Por sobre todo, las mujeres cristianas deben actuar con modestia. ¿Por qué? Primero, porque esto fue algo que Eva no demostró en el huerto, cuando decidió actuar por su cuenta. Segundo, si las mujeres cristianas empuñan las armas en el tema de la restauración femenina, estarán poniendo en peligro el plan secreto de Dios para ellas en los últimos días, como veremos en el próximo capítulo.

CAPÍTULO 7
EL MOMENTO DE LA REVANCHA

Dijo Dios: "Y pondré enemistad entre ti y la mujer, y entre tu simiente y la simiente suya; ésta te herirá en la cabeza, y tú le herirás en el calcañar" (Génesis 3.15).

Al pronunciar estas palabras, Dios dejó bien en claro que se produciría una revancha. Para que una revancha sea tal, deben participar los rivales originales. Dado que Dios anuncia esta revancha en el contexto de la enemistad entre la mujer y la serpiente, no es descabellado pensar que las mujeres tendrán un rol protagónico en ella.

La simiente de la que habla Génesis 3.15 es, naturalmente, una referencia legítima al Mesías que nacería de la mujer. Está claro que al derramar su sangre en el Calvario, Cristo aplastó la cabeza de Satanás, hiriéndolo mortalmente. En lo que respecta a su posición en los cielos antes del Calvario, Satanás fue destronado; y el señorío de Cristo se afirmó para siempre.

Tan pronto como se estableció la iglesia y los discípulos de Jesús comenzaron su recorrido evangelizador "hasta lo último de la tierra", el dominio de Satanás sobre este planeta comenzó a desmoronarse. Primero, Jerusalén fue llena de la doctrina de los apóstoles (véase Hechos 5.28), continuando con una serie de ciudades en Judea y Samaria. Pronto, Éfeso y la provincia romana de Asia habían sido liberadas y "todos... judíos y griegos, oyeron la palabra del Señor Jesús" (Hechos 19.10). A continuación, una vasta región que se extendía desde Jerusalén hasta Ilírico fue literalmente saturada con el evangelio, tanto que Pablo declaró que en esa región ya no había lugar para la dimensión evangelística de su ministerio apostólico (véase Romanos 15.18-23).

La extensión del evangelio ha continuado progresando a través de los siglos. En realidad, ha llegado tan lejos que hoy, en toda nación de la tierra hay por lo menos un puñado de cristianos. Satanás, con su cabeza aplastada, no ha podido detener el avance del ejército del Señor de señores. Durante los últimos 2.000 años ha estado en retirada, más que expandiendo sus dominios. Se acerca rápidamente el día en que recibirá el golpe final, cuando "el Dios de paz aplastará... a Satanás bajo vuestros pies" (Romanos 16.20). En ese día, la voluntad de Dios será hecha *en toda la tierra*, como en el cielo.

Esta es la revancha que he estado mencionando. La llamo revancha, porque involucra a los rivales originales: los seres humanos y el diablo mismo. Así como su antecesora en el huerto, las mujeres tendrán un rol central. Excepto que esta vez, como Dios ya lo predijo, las hijas de Eva ganarán.

DÓNDE SERÁ APLASTADA LA CABEZA DE SATANÁS

Se acerca rápidamente el momento de la confrontación, que se producirá dentro de la "Ventana 10/40"[9]. Para ello, según entiendo, existen tres razones:

1. **Ubicación.** El huerto, lugar donde Satanás marcó el primer tanto, estaba ubicado dentro de la Ventana 10/40. La mayoría de los estudiosos sostienen que el huerto estaba en la región donde en la actualidad se encuentran Irak e Irán. Esta es una de las regiones menos receptivas al evangelio. Dado que es uno de los lugares donde Satanás está mejor atrincherado, es muy posible que sea allí donde soporte el *último* ataque.
2. **La situación de las mujeres.** El lugar de la tierra donde las mujeres son más degradadas, deshonradas, desvalorizadas y privadas de todo, es dentro de la Ventana 10/40, especialmente en los países musulmanes más recalcitrantes, donde el deseo

---

[9] La Ventana 10/40 es un término misiológico que describe la región del mundo que se encuentra entre los 10 grados al norte y 40 grados al sur del Ecuador y alcanza desde el oeste de África hasta el este de Asia. Dentro de la ventana cae la mayoría de las naciones que quedan sin evangelizar, las cuales son principalmente musulmanas.

de las mujeres está totalmente sujeto al capricho de los hombres que las gobiernan en la forma más dictatorial.
3. **Evidencias bíblicas.** El Salmo 68 describe un encuentro decisivo entre Dios y las fuerzas del mal, en el cual las mujeres tienen un rol fundamental. La evidencia interna de este salmo apunta a la Ventana 10/40 como campo de batalla.

ESTUDIEMOS EL SALMO 68

El Salmo 68 comienza con las líneas de batalla claramente definidas: "Levántese Dios, sean esparcidos sus enemigos, y huyan de su presencia los que le aborrecen" (v. 1). Y cierra con una majestuosa descripción de todos los reinos de la tierra cantándole alabanzas: "Reinos de la tierra, cantad a Dios, cantad al Señor" (v. 32).

Este cambio, de una actitud de total desafío a una de completa sumisión, se logra cuando "El Señor daba palabra; había grande multitud de las que llevaban buenas nuevas. Huyeron, huyeron reyes de ejércitos..." (vv. 11, 12)[10] y como resultado, Dios "esparce a los pueblos que se complacen en la guerra" (v. 30).

La victoria es tan impresionante que hasta Egipto, la capital cultural del islam, manda enviados especiales, y Etiopía, lugar de sistemática persecución de los cristianos, se vuelve a Dios: "Vendrán príncipes de Egipto; Etiopía se apresurará a extender sus manos hacia Dios" (v. 31).

Este salmo nos da claves específicas sobre el lugar donde se desarrollará la batalla. Se habla de una combinación de desierto (v. 7) y tierra seca (v. 6). La mención de Judá, Zabulón y Neftalí (v. 27) la ubica en el actual territorio de Israel (v. 8). La mención del Sinaí (v. 8), Egipto y Etiopía (v. 31) amplían el teatro de las operaciones a todo el Medio Oriente.

---

10   La referencia a mujeres no aparece en todas las traducciones. Sin embargo, el hebreo original indica que este versículo habla de la mujer a través del uso del participio femenino plural (no el masculino plural).

La referencia a que los reinos de la tierra alaban a Dios después que Él ha herido "la cabeza de sus enemigos" (v. 21) apunta a que este es el enfrentamiento final, y no una guerra más. Podemos llegar razonablemente a la conclusión de que esta batalla, la revancha final, se producirá en el Medio Oriente, dentro de la Ventana 10/40.

EL PRIMER EJÉRCITO TOTALMENTE FEMENINO

Un ejército formado enteramente por mujeres asume un rol clave en esta victoria. Los enemigos de Dios son totalmente vencido porque "El Señor daba palabra; [y repentinamente] había [se convirtió en] grande multitud [el ejército] de las que llevaban buenas nuevas. Huyeron, huyeron reyes de ejércitos" (Salmos 68.11, 12).

La idea de que mujeres *que proclaman las buenas nuevas* venzan a los reyes de la maldad es tan extraordinaria que para asegurarse de que este aspecto nuevo no sea pasado por alto, el siguiente versículo reitera: "Las que se quedaban en casa repartían los despojos" (v. 12). Los despojos siempre pertenecen al vencedor en la batalla.

LA SORPRESA ES LA CLAVE

Dios utiliza el factor sorpresa. "Bien que fuisteis echados entre los tiestos, seréis como alas de paloma cubiertas de plata, y sus plumas con amarillez de oro" (v. 13). Como vimos en el capítulo introductorio de este libro, este versículo compara a las mujeres guerreras con palomas que han estado echadas entre los tiestos, con sus alas cubiertas de plata y oro. Por impresionante que suene, la escena real está pintada de gris intencionalmente; en realidad, se trata de un camuflaje preparado por Dios para que no se pierda el factor sorpresa.

Si las palomas, que son grises, están echadas sobre tiestos de color semejante, se vuelven casi invisibles por la falta de contraste. Aun los ribetes dorados de sus plumas más largas de sus alas no atraen la atención, porque las palomas están apoyadas sobre ellas.

Lo que tenemos aquí son mujeres camufladas como palomas echadas sobre tiestos, con un tesoro escondido debajo de ellas. La historia de las palomas refleja perfectamente la realidad de las mujeres musulmanas que viven hoy en la Ventana 10/40. La pregunta no es si Dios las liberará para que formen su poderoso ejército, sino cuándo lo hará.

ESTUDIEMOS EL MONTE SALMÓN
El versículo siguiente dice: "Cuando esparció el Omnipotente los reyes allí, fue como si hubiese nevado en el monte Salmón" (v. 14). ¿Cuál es el significado de esta nieve, y por qué se menciona al monte Salmón?

Si multitudes de palomas, con oro en sus plumas, descienden sobre una región, el lugar parecerá cubierto de nieve. Esto sucede en un lugar llamado Salmón. Esta poco conocida colina guarda una clave muy importante, como veremos a continuación.

LA DERROTA DE ABIMELEC
Abimelec, hijo de Gedeón y una de sus concubinas, le dio mala fama al monte Salmón. Este malvado personaje conspiró junto con los habitantes de Siquem, su ciudad natal, contra los 70 hijos legítimos de su fallecido padre, y los mató para llegar a gobernar (véase Jueces 8.32–9.6). Finalmente se produjo una disputa entre él y el pueblo de Siquem; Abimelec sitió la ciudad, venció a su ejército y asesinó a la mayoría de sus habitantes (véase Jueces 9.43-45).

Sin embargo, mil hombres y mujeres lograron huir hasta una torre fortificada. En ese momento Abimelec subió al monte Salmón para mostrarle a su ejército cómo cortar ramas de los árboles. Una vez que hubieron recogido suficiente leña, la transportaron a la cámara baja de la torre, le prendieron fuego, y así quemaron vivas a mil personas (véase Jueces 9.49). Este fue un hecho cruel y premeditado. La matanza de civiles, especialmente mujeres, constituía un genocidio.

Después, Abimelec fue a Tebes, una ciudad cercana, y la capturó; pero algunas personas del pueblo también se refugiaron en otra torre, así que él decidió quemarlos vivos, como había hecho con el pueblo de Siquem. Pero cuando Abimelec se estaba acercando a la torre, una mujer le arrojó una rueda de molino que "le rompió el cráneo" (Jueces 9.53). Aun estando moribundo, el hecho de que una mujer lo hubiera vencido le causaba mayor dolor que su próxima muerte; por lo que ordenó a su escudero que sacara su espada y lo matara, "para que no se diga de mí: Una mujer lo mató" (Jueces 9.54).

EL ORGULLO Y LA CAÍDA

La referencia al monte Salmón liga los eventos descriptos en el Salmo 68 con el aplastamiento final de la cabeza de Satanás y el rol que las mujeres cumplirán en el mismo. El paralelo es significativo. Fue una mujer la que aplastó la cabeza de Abimelec, personificación del mal. En la misma forma que Abimelec despreció a las mujeres, así el diablo también las ha escogido para darles un trato más duro. Al demostrar a su ejército cómo cortar ramas que podrían luego utilizarse como leña para convertir en una pira humana a una torre que de otra forma hubiera sido inexpugnable, Abimelec transformó un árbol común en una devastadora nueva arma. Esto se asemeja a la manera en que Satanás convirtió el árbol del huerto en un arma letal. Sin duda, la victoria de Abimelec en Siquem lo hizo sentir muy confiado. Pero cuando intentó repetir su táctica por segunda vez, una mujer le aplastó la cabeza antes que pudiera lograrlo.

De la misma manera, ahora Satanás parece tener ventaja en el juego, porque la transgresión de Eva ha provocado una terrible opresión de las mujeres. Por esto él no se siente amenazado por el estado de abatimiento en que ellas están, especialmente dentro de la Ventana 10/40, donde tantas mujeres están aprisionadas en torres edificadas con las piedras y la argamasa del fanatismo religioso. Satanás tuvo éxito una vez, y como Abimelec, cree que puede lograrlo otra vez... pero su cabeza pronto quedará aplastada. Esto lo tomará por sorpresa, porque la torre donde Satanás tiene cautivas a las personas será la que produzca la aceleración necesaria para que la piedra que caiga desde allí le aplaste la cabeza.

LA MAYOR VULNERABILIDAD DEL ISLAM

Una de las mayores debilidades sociales del islam es la forma en que se trata a las mujeres. Ellas constituyen el 50% del mundo musulmán, pero han sido empujadas a un lugar tan bajo que no tienen nada más que perder. Cuando la mitad de las personas que compone un movimiento, sin importar cuán poderoso sea este, están en una situación desesperante debido a algo inmodificable, como es su género, se convierten en un hilo suelto en el entramado social.

Este es un hilo que, si se tira de él, hará que se desarme todo el tapiz de la sociedad. Esta es la revelación espiritual que Aglow Internacional recibió en octubre de 1995.

Por lo tanto, multitudes de mujeres de todo el mundo dirigieron sus oraciones y su intercesión hacia la Ventana 10/40. Ellas creen que en cualquier momento Dios tirará del hilo femenino, y la trama social del islam se desarmará.

Para cambiar una situación insoportable, una persona desesperada hace algo desesperado. Como los israelitas en Egipto, que fueron empujados al límite por poderosos opresores, sin esperanza humana a la vista, las mujeres que están dentro del islam podrían terminar emulando a los israelitas, que "gemían a causa de la servidumbre, y clamaron; y subió a Dios el clamor de ellos con motivo de su servidumbre" (Éxodo 2.23).

Dios tiene antecedentes de haber escuchado, vez tras vez, los clamores de personas que sufren, comenzando desde Agar, cuando huyó al desierto, embarazada de Ismael. ¿Será que sus descendientes, las mujeres del islam, en su desesperación, pronto clamarán a Dios y se convertirán en un tremendo ejército de mujeres evangelistas? Yo creo firmemente que así será.

GOLPE CON VENTAJA

La alusión a la nieve que cae sobre el monte Salmón parece ser una referencia a una acción de Dios que brinda una ventaja. El monte Salmón es el lugar donde Abimelec cortó ramas de árboles para hacer arder la torre. Pero si hubiera caído una gruesa capa de nieve en ese preciso momento, él no habría podido llevar a cabo su diabólico plan, ya que la nieve tiende a convertir a las ramas en madera inservible para utilizarla como leña.

El paralelismo con el aplastamiento final de la cabeza de Satanás dentro de la Ventana 10/40, utilizando a las mujeres que él cree que no significan amenaza alguna debido a su situación de inferioridad, no podría ser más claro.

¿POR QUÉ LAS MUJERES?

¿Por qué usaría Dios a las mujeres para una batalla tan decisiva? Es sencillo: en la *primera* vuelta de esta lucha estuvieron involucrados el diablo y una mujer, no un hombre. En consecuencia, es lógico concluir que la *última* vuelta del enfrentamiento final también debe incluir a las mujeres.

Algunas personas podrían señalar el hecho de que Eva perdió la primera vuelta, como motivo para que las mujeres no participen de esta clase de confrontación. Pero... ¿acaso no han oído hablar de la palabra "revancha"?

En Génesis 3.15, Dios mismo anuncia la revancha y declara que la mujer y su simiente serán parte de ella. El Salmo 68 ofrece abundancia de detalles sobre cómo y dónde sucederá.

Otra razón para aceptar que Dios haya elegido a las mujeres es que Él es Dios, y como tal, tiene derecho a hacer lo que desee. A esto apunta la referencia a Basán en el salmo: "Monte de Dios es el monte de Basán; monte alto el de Basán" (Salmos 68.15).

Es interesante observar que Dios llama "monte" a Basán. Pero Basán no es una montaña, sino una alta meseta sin picos. En este pasaje, Dios habla a las montañas que tienen picos: "¿Por qué observáis, oh montes altos, al monte que deseó Dios para su morada?" (Salmos 68.16*a*).

Esto parece ser una reprimenda para quienes objetan que Dios haya elegido a las mujeres para este importante ataque final. Si Él desea llamar monte a una meseta, y calificarlo de "alto", Él es Dios, y puede hacerlo toda vez que lo desee.

Algunos dirán: "Pero las mujeres nunca han librado una guerra por sí solas. La guerra es cosa de hombres". A lo que Dios podría responder con palabras como: "¿Has olvidado que yo soy el Dios que creó todas las cosas? Si yo puedo hacer que las aguas de un mar se detengan formando un muro, o convertir un valle de huesos secos en un ejército, puedo elegir a las mujeres para formar mi ejército".

Así como Pedro, que preguntó: "Señor, ¿y qué de éste?" (Juan 21.21), muchos quizá esperen una respuesta; pero Dios no les dará ninguna. Por el contrario, responderá tal como lo hizo Jesús: "¿Qué a ti? Sígueme tú" (Juan 21.22).

EL PLAN DE DIOS

Abimelec nunca pensó que una mujer podría derrotarlo, cuando estaba tan cerca de aniquilar a sus enemigos. Pero en forma totalmente inesperada, una mujer encontró la voluntad para luchar, en lugar de aguardar sin esperanzas la muerte, y de esa manera, logró una victoria que no figuraba en los planes.

Este es el final victorioso que Dios tiene preparado para la culminación de la revancha entre la serpiente, y la mujer y su simiente. Siglos de opresión llegarán a su fin, y la belleza y el poder de las mujeres se verán con tanta claridad como el oro sobre las plumas de las palomas.

El tema no es *si* sucederá, sino *cuándo*. Para ello se está poniendo en marcha un proceso de restauración que llegará a su punto culminante cuando las mujeres ministren codo a codo junto a los hombres (siervos y siervas, hijos e hijas) como lo predijo Joel (véase Joel 2.28-29). Este proceso hace necesario que se produzca la restauración de los hombres como requisito previo para la restauración de las mujeres, porque el Comandante en Jefe de los cielos quiere asegurarse de que durante la culminación de la revancha, los hombres no les fallen a las mujeres como Adán le falló a Eva. Veamos este tema en el próximo capítulo.

CAPÍTULO 8
LA RESTAURACIÓN DE HOMBRES Y MUJERES

Dios ha estado trabajando activamente en la restauración desde que Satanás engañó a Adán y Eva, comenzando por los primeros animales que sacrificó para hacerles ropas con las cuales cubrir su desnudez, y culminando con el derramamiento de la sangre de Jesús para redimir los pecados del mundo. Pero el período más intenso de restauración ha quedado reservado para los últimos tiempos, antes de la confrontación final con el maligno.

Hay dos profecías principales referidas a la restauración de las mujeres en el contexto del establecimiento del reino de Dios en la tierra. Una tiene que ver con el advenimiento del Mesías y la cabeza de Satanás aplastada; la otra habla del derramamiento del Espíritu Santo sobre toda la humanidad, que producirá la liberación de grandes números de cautivos de los calabozos espirituales de Satanás.

La primera se encuentra en Génesis 3.15 y ya se ha citado varias veces en capítulos anteriores. La segunda lo menciona Pedro en Hechos 2.17-21, 34, 35:

> Y en los postreros días, dice Dios, derramaré de mi Espíritu sobre toda carne, y vuestros hijos y vuestras hijas profetizarán; vuestros jóvenes verán visiones, y vuestros ancianos soñarán sueños; y de cierto sobre mis siervos y sobre mis siervas en aquellos días derramaré de mi Espíritu, y profetizarán. Y daré prodigios arriba en el cielo, y señales abajo en la tierra, sangre y fuego y vapor de humo; el sol se convertirá en tinieblas, y la luna en sangre, antes que venga el día del Señor, grande y manifiesto; y todo aquel que invocare el nombre del Señor, será salvo...
> Dijo el Señor a mi Señor: Siéntate a mi diestra, hasta que ponga a tus enemigos por estrado de tus pies.

CUATRO ASPECTOS SIMILARES Y UN GRAN MALENTENDIDO

Las dos profecías del Antiguo Testamento citadas en Hechos se pronunciaron al comienzo de importantes dispensaciones, y el cumplimiento de cada una de ellas es decisivo para la victoria final de la iglesia sobre Satanás. También comparten cuatro importantísimas características.

1. El que habla es Dios, en lugar de dar palabra a un profeta (véase 1 Pedro 1.20-21).
2. Fueron pronunciadas en momentos en que Dios lanzaba sus contraataques divinos (el anuncio del Redentor, en Génesis 3.15 y la fundación de la iglesia, en Hechos, capítulo 2) en respuesta a grandes asaltos satánicos que habían creado la falsa impresión de una victoria de las fuerzas diabólicas (la caída, en el huerto, y la crucifixión de Jesús en el Calvario.)
3. Ambas profecías predicen la derrota final del maligno; el aplastamiento de su cabeza, en la primera (Génesis 3.15) y que tanto él como sus demonios serían convertidos en estrado para los pies de Jesús, en la otra (Hechos 2.34-35).
4. Ambas muestran a las mujeres en roles prominentes: como portadoras de la simiente que vencerá a Satanás, en un caso, y profetizando junto con los hombres en un movimiento mundial a todo nivel destinado a liberar a los cautivos de Satanás, en el otro.

Con frecuencia damos por descontado que ya se ha completado el cumplimiento de estas extraordinarias profecías. Aunque se han cumplido en gran medida, todavía falta la mayor parte. Es importante establecer esta distinción, dado el rol asignado a las mujeres en ambas.

VICTORIA EN EL ÁMBITO ESPIRITUAL
Examinemos primero el aplastamiento de la cabeza de Satanás.

Es cierto que Satanás fue herido de muerte cuando Cristo derramó su preciosa sangre en la cruz, descendió al Hades y se levantó victorioso después de reafirmar su autoridad sobre el diablo y sus demonios (véase Efesios 4.8-10). Pero esto no constituye el asalto final, sino una muy importante ronda inicial. (En 1 Corintios 15.24-25 dice: "Luego el fin, cuando [Cristo] entregue el reino al Dios y Padre, cuando haya suprimido todo dominio, toda autoridad y potencia. Porque preciso es que él reine hasta que haya puesto a todos sus enemigos debajo de sus pies".)

La muerte de Cristo pagó el castigo por nuestros pecados, haciendo nulo el decreto adverso a nosotros (véase Colosenses 2.14) que el diablo argumentaba en nuestra contra, y abriendo un camino seguro hacia Dios (véase Juan 14.6).

Pero la victoria de Cristo en la cruz, desde el preciso momento de su comienzo, afectó principalmente a Satanás y sus demonios, a los que Cristo desarmó y humilló públicamente (véase Colosenses 2.15).

Tal resultado no deja duda alguna en el ámbito espiritual, de que Jesús es el vencedor y Satanás, el vencido. Los ángeles del cielo lo vieron suceder, y los demonios del infierno fueron dominados por Él. Nadie, en los lugares celestiales, dejó de enterarse de que Satanás había perdido, y en serio.

Sin embargo, tanto entonces como ahora, ha sido y es necesario hacerles conocer a la mayoría de los cautivos en la tierra, la libertad que se obtuvo a través de la sangre de Jesús. Dado que Satanás no tiene intenciones de liberar a sus prisioneros sin dar pelea, el último acto oficial de Jesús fue comisionar a sus discípulos para que vayan hasta los extremos de la tierra con el fin de anunciar su perdón eterno (véanse Hechos 1.5, 8).

VIVITO Y COLEANDO EN LA TIERRA

El hecho de que la iglesia es llamada a luchar "contra principados, contra potestades, contra los gobernadores de las tinieblas de este siglo" y a tomar "el escudo de la fe, con que podáis apagar todos los dardos de fuego del maligno" (Efesios 6.12, 16), demuestra que la cabeza de Satanás aún no ha sido aplastada, al menos no hasta el punto de inhabilitarlo por completo; ni ha sido desmantelado su reino en la tierra. En 1 Corintios 15.25 se declara que es preciso que Cristo "reine hasta que haya puesto a todos sus enemigos debajo de sus pies".

Aunque fue mortalmente herido en el Calvario, Satanás aún ciega los ojos de las personas a la luz del evangelio (véanse 2 Corintios 2.11; 4.4). Si estuviera totalmente fuera de combate, no podría engañar a la gente. Pablo testifica de esto al decir: "Y el Dios de paz aplastará [tiempo futuro] en breve a Satanás bajo vuestros pies" (Romanos 16.20). El atrincheramiento de Satanás en toda la tierra es prueba tangible de que el golpe *final* sobre su cabeza aún está por venir.

IGNORAR LA AMENAZA

Ignorar este punto es algo que le da una tremenda ventaja al diablo. Suponer que él no es una amenaza para nosotros, ni para la proclamación del evangelio, le permite pasar inadvertido. Peor aún, se pasa por alto el rol de la mujer en la gran revancha. Dado que se necesitará de la iglesia toda para aplastar la cabeza de Satanás, y *las mujeres son la mitad de la iglesia*, es necesario poner a ellas en el mismo nivel que los hombres. Aquí es donde cobra importancia el proceso de restauración.

LA PROFECÍA DE JOEL, MALENTENDIDA

Con relación a la profecía de Joel puede producirse el mismo malentendido. Joel dice que el Espíritu de Dios sería derramado sobre *toda carne*. "Toda carne" significa la población de todo el mundo; pero hasta el día de hoy sólo una parte de ella ha sido tocada por el Espíritu de Dios. Además, las mujeres no están participando junto con los hombres del ministerio ("vuestros hijos y vuestras hijas... mis siervos y mis siervas... profetizarán") en medio de una cosecha mundial de almas. En *la mayoría* de los países, no se ha producido un derramamiento masivo, y a las mujeres aún se las consideran ciudadanas de segunda clase, tanto en la sociedad en general como también, muchas veces, dentro de la iglesia.

Pedro no presentó lo que había sucedido en Pentecostés como el cumplimiento final de la profecía de Joel, sino como algo coherente con los hechos predichos por el profeta, de los cuales el derramamiento del Espíritu Santo sería la *iniciación*. Es, sin duda, un *proceso* destinado a crecer continuamente hasta alcanzar un punto culminante en el clímax de la restauración.

Este proceso que está ya en movimiento en todo el mundo incluye diversos elementos particulares de la restauración: intercesión, guerra espiritual, unidad, evangelismo, hombres, y finalmente, mujeres.

INTERCESIÓN

En el comienzo de este nuevo milenio, han surgido en todo el mundo intercesores que constituyen los *Comandos estratégicos de armas y tácticas de Dios*. El surgimiento de estos "comandos especiales" es un fenómeno nuevo, ya que hace veinticinco años eran virtualmente desconocidos. Muchos observadores señalan que el debut de estos "comandos" se produjo a partir de la convocatoria que realizó C. Peter Wagner en 1989, en ocasión del Congreso Lausana II, en Filipinas, cuando llamó a un grupo de intercesores para que oraran en el mismo lugar del evento.[11] Más de una década después, toda actividad de cierta importancia en el cristianismo incluye intercesores antes, durante y después del evento. Definitivamente, la intercesión ha sido restaurada y ha llegado aquí para quedarse.

GUERRA ESPIRITUAL

Otra área de restauración es la del redescubrimiento de la guerra espiritual como arma bíblica. Hace no demasiado tiempo, la postura que prevalecía era la de: "Ignorad al diablo, y huirá". Esto es exactamente lo opuesto de lo que nos amonesta a hacer Santiago 4.7: "Resistid al diablo, y huirá de vosotros". Desde Lausana II, la iglesia ha despertado al mandato bíblico de que debemos mantenernos firmes frente a las estratagemas del maligno, y resistirlo... *hasta que él huya*.

---

11 El relato detallado de cómo sucedió se encuentra en el libro de C. Peter Wagner, Prayer Shield (Ventura, CA: Regal, 1992), p. 150.

UNIDAD

Los cristianos siempre han creído en la unidad, pero hasta hace poco, ésta era más un ideal anhelado que una meta concreta. Hoy, la expresión "*una* iglesia formada por muchas congregaciones" es el reflejo de lo que está comenzando a suceder en la práctica, en ciudades de todo el mundo.

EVANGELISMO

La iglesia también está redescubriendo una visión evangelística apremiante que se manifiesta en el movimiento de toma de ciudades. A fines de los años '80, cuando John Dawson escribió *Taking Our Cities for God*[12] [Tomando nuestras ciudades para Dios], el concepto era tan desafiante y nuevo que la mayoría de las personas no tenían un marco de referencia en el cual ubicarlo.

Hoy, los movimientos de toma de ciudades florecen en todo el mundo, y algunos están comenzando a convertirse en esfuerzos por tomar el país entero. El tema ya no es si alcanzar o no a toda nuestra ciudad o nuestra nación, sino cuándo hacerlo. El video de George Otis Jr., *Transformation* [Transformación] nos ha hecho comprender se pueden alcanzar las ciudades, y mejor aún, que algunas están siendo transformadas.

HOMBRES Y MUJERES

La restauración de los hombres es crucial para que finalmente se produzca la restauración de las mujeres. Durante la mayor parte del siglo veinte, los hombres, especialmente en los Estados Unidos, no han sido líderes espirituales ni protectores, particularmente del hogar. Muchos han demostrado una notable incapacidad para relacionarse íntimamente con las mujeres con las que comparten su vida, ya sea que se trate de su madre, su hermana o su esposa.

El origen de muchas de estas situaciones se remonta a las dos guerras mundiales. Ninguna nación puede darse el lujo de enviar a

---

12 John Dawson, Taking Our Cities for God: How to Break Spiritual Strongholds (Lake Mary, FL: Creation House, 1990).

la mayor parte de su población masculina entre 18 y 35 años al otro extremo del mundo durante cinco años, sin sufrir un desequilibrio social significativo. La situación se complica cuando viene acompañada de una reubicación masiva de mujeres, que pasan del hogar a las fábricas, para realizar trabajos que tradicionalmente habían realizado los varones. Los estrechos vínculos que se forman en situaciones de combate, algo que experimentaron la mayoría de los hombres que lucharon en la Primera y la Segunda Guerras Mundiales, acentúa aún más la brecha entre los sexos.

Después del armisticio, cientos de miles de hombres regresaron a sus hogares, a sus madres, hermanas, esposas o novias... ¡todos al mismo tiempo! Volvieron a mujeres que también habían sido desarraigadas socialmente, con lo cual a ambos grupos habían tenido que cortar sus amarras. Como consecuencia, poder conectarse o reconectarse resultó muy difícil, casi imposible en muchos casos. Después de un tiempo, para los hombres llegó a ser más fácil darse por vencidos, o unirse con otros hombres, algo que ya habían hecho mientras estaban fuera de su país. Esto perjudicó sus matrimonios, sus hogares y finalmente, también a sus hijos. Recordemos que en el último siglo, esta terrible ruptura se produjo no una, sino dos veces.

EL VOLCÁN EXPLOTA

Aunque en la superficie la vida parecía estable, una corriente subterránea muy poderosa salió a la luz cuando los niños nacidos después de la Segunda Guerra Mundial llegaron a la adolescencia. En las décadas del '60 y del '70, los hippies y los "flower kids" tomaron, desafiantes, las calles, en busca de sí mismos. Los valores tradicionales se menospreciaron y rechazaron con rapidez. Hijos confusos criticaban a sus inseguros padres, y, de repente, dos generaciones saltaron al abismo sin una cuerda que los sostuviera desde arriba ni una red de seguridad que los atrapara al caer.

Se arrancaron valores del alma de toda una generación como compromiso, castidad y lealtad. El hecho de que los hombres no ejercieran su rol, dado por Dios, de proteger y proveer, afectó a sus esposas y a sus hijos, dejándolos inseguros, y dañando su identidad. Muchas mujeres se aferraron al árbol hueco del feminismo en un fútil intento por encontrar algo que les diera estabilidad en medio del cataclismo de este tifón social. Como consecuencia, hubo un severo daño de la trama social del hogar y se fracturó la columna vertebral de la familia, cubriendo a millones de personas con los sucios residuos de la culpa.

Es precisamente este terrible caos social que forjó la necesidad de restauración de los varones. La organización de los Promise Keepers [Hombres de pacto] es un ejemplo de los muchos vehículos que Dios ha estado utilizando para reconstruir a los hombres en los comienzos de un nuevo siglo.

Los hombres fueron creados para ser protectores y proveedores. Cuando no cumplen con estos roles, se produce un vacío justo en el centro de su identidad. Cuando se daña la identidad, su autoestima queda en bancarrota y la desesperanza los abruma. El mensaje bíblico de arrepentimiento y restitución, de ministerios como Hombres de pacto, está siendo adoptado con entusiasmo por millones de hombres que lo consideran la única salida. La mayoría de los más de 3 millones de hombres que han participado en las reuniones masivas en estadios han sido transformados. Al reclamar los roles que Dios les ha dado, comenzaron a reconstruir el marco de protección que es vital para que se produzca, a su vez, la restauración de las mujeres.

LA RESTAURACIÓN DE LAS MUJERES

La restauración de las mujeres es el mensaje central de este libro. Esta es, sin duda, la última, y la más dinámica frontera que necesitamos atravesar antes que el golpe final sobre la cabeza de Satanás nos permita cerrar el círculo.

Las mujeres siempre han estado participando de los asuntos del reino, en la vanguardia de la obra de Dios. Cuando los hombres estaban en otra parte, muchas veces fueron las mujeres las que defendieron las trincheras de la iglesia. Las mujeres estaban tan involucradas, que si repentinamente todas ellas se hubieran retirado, la mayoría de las congregaciones habría desaparecido de un día para otro.

Pero el potencial de las mujeres en el reino ha sido afectado negativamente por la falta de protección que los hombres deben brindarles. Como Eva en el huerto, las mujeres de hoy se enfrentaron al diablo, pero no han logrado aplastarlo.

PRIMERO RECONSTRUYAMOS A LOS HOMBRES

Puede parecer contradictorio que la restauración de los hombres produzca mayor libertad y efectividad para las mujeres. Pero esto deja de parecer incoherente cuando comprendemos que el hombre está diseñado en forma única para brindar protección a la mujer. De la misma manera que el hombre está incompleto sin la mujer, la mujer sin la protección del hombre se vuelve más vulnerable a las estratagemas de su archienemigo. La caída de Eva fue posible porque Adán descuidó su responsabilidad de protegerla.

HOMBRES RESTAURADORES

Los hombres deben hacer lo opuesto de lo que hizo Adán cuando el pecado lo alcanzó por primera vez a través de Eva. Adán no reconoció a Eva como esposa, y en un acto de total cobardía le dijo a Dios: "La mujer que me diste por compañera me dio del árbol" (Génesis 3.12). En otras palabras, Adán estaba apuntando con el dedo a la mujer y diciendo: "¡La culpa es suya!" En ese momento decidió olvidar que ella era hueso de sus huesos y carne de su carne, y renunció a ser uno con la mujer que Dios había formado especialmente para él.

En 1 Timoteo 2.8-13, Pablo ordena a los esposos que hagan exactamente lo contrario, orando con sus esposas en público (v. 8), haciendo lo necesario para que su piedad sea evidente (v. 9), y enseñándoles lo que ellos saben en un ambiente íntimo: el hogar (v. 11). En otras palabras, Pablo les está diciendo: "Tu esposa es tu ayuda idónea, tu complemento indispensable, así que haz que se vea mejor, que se sienta mejor y que comprenda mejor". Esto es lo contrario de lo que Adán hizo en el huerto.

Además, en Efesios 5, Pablo dice a los esposos que deben someterse a sus esposas (v. 21), que deben entregarse por ellas como Cristo se entregó a la iglesia (v. 25), y que deben amar a sus esposas tanto como a sus propios cuerpos (v. 28). Este pasaje complementa el de 1 Timoteo 2.8-15. Como tal, reafirma la necesidad de que los hombres cristianos quiten la iniquidad producida por la respuesta de Adán a la transgresión de Eva.

Por ello, la restauración final de las mujeres depende de la restauración (que está en proceso), de los hombres, de manera que los matrimonios puedan reflejar la intimidad que se vio por primera vez en el huerto, cuando ambos sexos caminaban y trabajaban juntos en presencia de Dios. Los hombres también deben ver a sus esposas como el centro de su amor, honor y atención. Para hacerlo es necesario comprender que los hombres de hoy no son diferentes de Adán. Enfrentan los mismos desafíos y están sujetos a limitaciones similares.

Veamos cómo se puede superar esto, porque la brecha entre los sexos es lo que mantiene en pie al imperio de Satanás. Nada le complace más al diablo que el hecho de que los hombres no se reconcilien con las mujeres.

CAPÍTULO 9
LOS HOMBRES TIENEN MUCHO EN COMÚN CON ADÁN

La falta de reconciliación entre hombres y mujeres es lo que mantiene en pie el sistema mundial de mentiras que el diablo usa para deshonrar a las mujeres y paralizar a los hombres. Es imperativo que descubramos por qué no es fácil para los hombres comprender a las mujeres, y qué medios ha provisto Dios para superar este problema resultado de la caída.

Adán nunca había visto a una mujer hasta que Dios puso a Eva frente a él. Su perplejidad inicial, y especialmente la forma en que la resolvió, nos da una importante clave para comprender las dificultades entre los sexos que vemos en la actualidad.

Cuando a Adán le presentaron esta persona de la que no sabía nada, trató de entenderla en lugar de hacerle preguntas. Fue de lo conocido ("hueso de mis huesos y carne de mi carne") a lo desconocido ("será llamada Varona"). Adán comprendía la primera parte; la segunda parte lo desconcertaba. La forma en que él encaró la situación es similar a la actitud de los hombres frente a las mujeres, en general. La mayoría de los hombres son como Adán: quedan cautivados por la apariencia física de la mujer ("carne *de mi carne*") pero tienden a englobar todo lo demás bajo un rótulo demasiado general: "Mujer". Normalmente no llegan a darse cuenta de que el contenido, que no ven, es mucho más grande y más complicado que el recipiente que tienen frente a sí. Una y otra vez, cuando un hombre no logra comprender los pensamientos o las acciones de una mujer, lo soluciona diciendo: "Bueno, después de todo es una mujer".

Si los hombres estudiaran el contorno del alma de una mujer con el mismo interés con que se dedican a recorrer las formas de su cuerpo, habría muy pocos malentendidos entre los sexos. Lamentablemente, la ignorancia en cuanto a lo que hay dentro de una mujer produce una línea de alimentación para la intolerancia que caracteriza a tantas respuestas prejuiciosas frente a las actitudes y los comportamientos femeninos.

Para que las mujeres sean restauradas, es esencial que encontremos la forma de que los hombres no solamente admiren a sus contrapartes femeninas, sino que las acepten tal como son. La aceptación plena de las mujeres les permitirá enfocar de otra manera la tensión creativa que se produce cuando se conectan personas que son suficientemente similares, pero al mismo tiempo suficientemente diferentes, como para tener que salir de su zona de comodidad.

DESTINADAS A CONTINUAR SIENDO UN MISTERIO

Las mujeres son como un libro fascinante, intrigante, algunas veces confuso, que nos deja perplejos. Cada vez que los hombres llegan a la última página y creen que han aprendido todo lo que debían aprender, ¡de la noche a la mañana, se agrega un nuevo volumen!

Irónicamente, es esta dimensión femenina indescifrable la que hace tan deseables a las mujeres, porque si los hombres las comprendieran por completo, pronto se aburrirían de ellas y tratarían de rediseñarlas. Por eso la Biblia dice que los hombres deben vivir con las mujeres "sabiamente" (1 Pedro 3.7). Deben estudiarlas continuamente y observarlas con diligencia, no para invalidar ni cambiar lo que no comprenden, sino para aceptar a las mujeres tal como son.

Muchos hombres hacen exactamente lo opuesto. Observan a las mujeres lo suficiente para preparar una lista de todo lo que consideran está mal en ellas, según su marco de referencia masculino; y luego tratan de reconstruirlas según planos masculinos. Después de innumerables intentos de rediseñarlas, los hombres descubren que no se puede cambiar a las mujeres. En lugar de aceptarlas como Dios las ha diseñado, se sienten frustrados y pierden las esperanzas. Pero deberían considerar otra posibilidad: que las mujeres son diferentes, porque no han sido creadas para servir a los hombres, sino para servir junto *con* ellos, complementándose mutuamente.

HONRAD A VUESTRAS ESPOSAS

Dios toma tan en serio esto, que ha establecido severos castigos para los hombres que no viven con sus mujeres "sabiamente":

> Vosotros, maridos, igualmente, vivid con ellas sabiamente, dando honor a la mujer como a vaso más frágil, y como a coherederas de la gracia de la vida, para que vuestras oraciones no tengan estorbo (1 Pedro 3.7).

Por favor, observe la referencia a las mujeres como coherederas de la gracia de la vida. Los hombres no tienen problema en compartir generosamente la gracia de Dios con las mujeres, pero la *gracia de la vida* de la que habla Pedro aquí es otra cosa. Significa que en este planeta las mujeres son co-habitantes, co-herederas, co-signatarias y co-administradoras. En resumen: las mujeres tienen los mismos derechos que los hombres.

Todo hombre que desobedezca este mandato verá obstaculizadas sus oraciones. Dios no escuchará a los hombres hasta que ellos escuchen a sus esposas. En este tema, Dios ha tomado una posición firme para asegurarse de que a las mujeres se las trate como corresponde.

Dios exhorta a los hombres a comprender verdaderamente a sus contrapartes femeninas. Lamentablemente, muchas veces ese conocimiento se detiene en el límite exterior de la anatomía femenina. Es alarmante el elevado número de hombres que no se esfuerzan por tratar de comprender, sin prejuicios, lo que sucede dentro del alma, el corazón y la mente de una mujer. Tal actitud es el núcleo mismo de la brecha entre los sexos, debido a que nadie puede apreciar aquello que no comprende.

LOS MANDATOS DE DIOS PARA LOS HOMBRES

Las mujeres son diferentes, y la Biblia declara que la responsabilidad de comprenderlas corresponde a los hombres. En Deuteronomio 24.5, se ordena al esposo que permanezca en su casa durante un año después de casarse, para hacer feliz a su esposa. En Efesios 5.28, se le indica que ame a su esposa tanto como ama su propio cuerpo. En Mateo 19.5 dice que el hombre debe dejar a su padre y a su madre para unirse a su esposa hasta que ambos sean una sola carne. Se convierten en uno cuando logran una identidad nueva. Aunque continúan siendo dos individuos, en el matrimonio, los dos se convierten en uno.

En todos los casos, la responsabilidad de desarrollar una atmósfera agradable en el hogar es del hombre, más que de la mujer. Es a él que Dios le da la responsabilidad de hacerla feliz, de amarla como se ama a sí mismo y de unirse a ella hasta que se forje la nueva identidad. Esta unidad es tan fuerte que, en lo que a Dios concierne, es indivisible.

EL HOMBRE NECESITA DE LA MUJER

Estos mandatos no estarían destacados con tanta claridad en la Biblia si Dios no considerara que es necesario que se cumplan con urgencia.

Es muy importante subrayar la perspectiva bíblica sobre este tema, porque muchas mujeres luchan contra una tremenda culpa cuando enfrentan problemas serios en su matrimonio o su familia. Sienten que ellas son las que han fallado, cuando en realidad, sus esposos tienen gran parte de la responsabilidad del resultado de cualquier situación. Esta culpa malsana debe desaparecer.

Pero... ¿cómo hacer cuando el esposo no coopera? ¿Cómo convencerlo *y transformarlo* por las verdades y los principios bíblicos que estudiamos en este capítulo?

DOS MANDATOS Y UNA PROMESA

Una de las suposiciones más esclavizantes es que para restaurar una pareja con problemas, ambos deben acudir a un profesional y aceptar seguir los consejos que éste les presente. Es el enfoque ideal, pero no la forma más fácil de restaurar un matrimonio.

Dios sabía que habría falta de cooperación entre los esposos durante los momentos de crisis, así que, como sólo Dios puede hacer, preparó una solución dinámica. Les dio a los hombres y a las mujeres diferentes mandatos pero la misma promesa, para que el matrimonio funcionara. Ordenó a los hombres que *amen* a sus mujeres (véase Efesios 5.28), y a las mujeres que *honren* a sus esposos (1 Pedro 3.1-2). Amar y honrar son mandatos diferentes, pero ambos van acompañados por la misma promesa: la restauración del cónyuge desobediente.

Dios estableció un maravilloso principio: Cuando una esposa honra a su esposo que es desobediente a la Palabra, ese esposo finalmente cambia y se vuelve obediente (1 Pedro 3.1-2). Dios también determinó que las "manchas y arrugas" del carácter de la esposa se eliminarán cuando el esposo decida amarla (véase Efesios 5.22-25).

Esta composición divina es similar al sistema de frenos dobles en los automóviles. Si un sistema falla, el otro comienza a funcionar para salvar al auto de la destrucción. Para las mujeres, lo más importante es que la amen. Para los hombres, es que lo honren.

EL HOMBRE NECESITA SER RESPETADO

Lo que más necesita un hombre es respeto; más que nada, respeto de parte de su esposa. Es por esto que Dios le indica a las mujeres que honren a sus esposos. Para un hombre, el amor no tiene tanta jerarquía como el respeto. Cuando alguien se refiere a él como una persona honorable, algo vital se nutre dentro de él, y una corriente de placer atraviesa toda su alma, en todas direcciones. Por esto es que el hombre trabaja largas horas, soporta dificultades y enfrenta desafíos en su trabajo que superan lo que vale su salario. El hombre anhela el reconocimiento que esto le produce.

Dios dice a las mujeres que honren a sus esposos, porque cuando una mujer lo hace, su esposo es capaz de hacer *cualquier cosa* por ella, aun obedecer a la Palabra contra la cual se ha estado rebelando (1 Pedro 3.1-2). Ser honrado por su esposa es el mayor anhelo de un hombre. La razón de este profundo anhelo se remonta al momento de la concepción.

Todo hombre es concebido y abrigado durante nueve meses en el interior de una mujer. Cuando nace, mientras recibe el amor de su madre y la leche de su pecho, va sintonizando sus oídos y su mente al tono y la cadencia de su voz. Cuando comienza a caminar, ella es la que lo guía, lo corrige y lo instruye. A medida que crece, cada vez depende más de su aprobación y su reafirmación. Esto se ve claramente reflejado en la relación única que se produce entre un hijo y su madre, un vínculo mucho más estrecho y muchísimo más intenso que el vínculo del niño con su padre.

Cuando un hombre se casa, ya cuenta con los circuitos del interior de su corazón que lo ligan con la mujer, y la aprobación y la honra que reciba de su esposa se convierten en algo tan vital para su sentido del éxito como las que le daba su madre mientras lo criaba. Es por eso que Dios le asegura a las mujeres, sin lugar a dudas, que ellas pueden cambiar a sus esposos, si deciden honrarlos. El honor es lo que moviliza al hombre. Así como ninguna persona puede vivir sin oxígeno, ningún hombre puede andar por la vida sin un mínimo de honra.

ABRAM Y SARAI

En Génesis, capítulos 12 y 20, encontramos dos claros ejemplos de esta necesidad de respeto. Ambos se refieren a Abram y Sarai.

Abram actuó en forma inmoral al mentir dos veces a diferentes reyes, presentando a Sarai como su hermana, en lugar de su esposa. No hay evidencias de que Sarai haya deshonrado a Abraham exponiéndolo como mentiroso, aunque lo que estaba en juego era su más preciosa virtud: la pureza sexual. Pero cuando ella estuvo en serio peligro, Dios intervino y la libró a ella, así como a Abram.

Esto se corresponde con las imágenes que nos presenta 1 Pedro 2.20, 25:

> … Mas si haciendo lo bueno sufrís, y lo soportáis, esto ciertamente es aprobado delante de Dios. Porque vosotros erais como ovejas descarriadas, pero ahora habéis vuelto al Pastor y Obispo de vuestras almas.

Pedro presenta la imagen de la persona que soporta pacientemente el sufrimiento por hacer lo justo, porque Dios es el pastor que cuida de las ovejas necesitadas y mantiene lejos al enemigo.

Es muy apropiado que el siguiente versículo hable de las esposas que, como Sarai (luego llamada Sara), deben soportar a esposos desobedientes (véase 1 Pedro 3.1-4). La herramienta para cambiarlos que se les presenta aquí es la sumisión, es decir, en otras palabras, "honra". Además, se utiliza como ejemplo a las mujeres del Antiguo Testamento, dentro de las cuales la situación de Sarai se constituye en la ilustración principal.

Hoy, a Abram, que luego se convirtió en Abraham, se lo recuerda como un hombre renombrado por su fe, valentía y rectitud. Me pregunto cuánto de esto fue resultado del comportamiento de Sara, *menos conocido, pero sin duda heroico*. Obviamente ella necesitó mucha fe, valentía y rectitud para vivir en cortes paganas donde los reyes la perseguían, mientras su esposo estaba más preocupado por salvar su propio pellejo que por proteger la virtud de su mujer. Sarai cambió a Abram honrándolo, aunque él no lo merecía ni lo esperaba. ¡Funciona!

MIEL EN LUGAR DE VINAGRE

Una gota de miel atrae más moscas que un barril de vinagre. ¿No lo cree? Veamos algunas situaciones cotidianas y lo comprobará.

Durante meses, una esposa a quien llamaré Kathy ha estado insistiéndole a su esposo para que arregle una canilla que gotea en su casa, pero él siempre lo deja "para más adelante". Una noche, a las 3 de la madrugada, en medio de una terrible tormenta, el esposo recibe un llamado telefónico de una anciana que vive en el otro lado de la ciudad. Esta ancianita necesita ayuda porque se ha tapado el excusado y la casa es un desastre. El hombre se viste rápidamente, atraviesa con su auto las calles inundadas, llega a la casa de la anciana, arregla el problema, y, lleno de satisfacción, regresa a su casa con apenas el tiempo suficiente para darse una ducha y salir a trabajar.

Kathy está boquiabierta y a punto de entrar en un ataque de furia. No comprende por qué su esposo se toma todas las molestias de hacer algo tan cansador por una extraña, si todos los días se niega a hacer algo más simple, como arreglar una canilla en su propia casa.

La razón es muy sencilla: la anciana sin duda honró a este hombre y le hizo saber cuánto apreciaba lo que él hacía, y el hecho de que podía contar con él. Por el contrario, si él hubiera arreglado la canilla en su casa, Kathy simplemente le habría dicho: "¡Ya era hora de que lo hicieras!" La miel es, sin duda, mucho más atractiva que el vinagre.

Dios ha dado a las mujeres la capacidad de honrar a sus esposos, y así cambiarlos para mejor. Aunque los hombres tienen dificultades intrínsecas para comprender a las mujeres y comunicarse con ellas, Dios ha puesto a disposición de ambos los recursos que necesitan para salvar la brecha. Como veremos en el próximo capítulo, la falta de intimidad entre Noé y su esposa permitió que el mal se extendiera por todo el mundo después del diluvio.

CAPÍTULO 10
EL ERROR DE NOÉ

¿Alguna vez se preguntó usted por qué el mal pudo manifestarse tan pronto después del diluvio?

Dios no comete errores. Jamás calcula mal. Si Él envió el diluvio para borrar un sistema corrupto y reemplazarlo por uno más sano, ¿por qué regresó el pecado tan pronto? La respuesta tiene que ver con un terrible error que Noé cometió en relación con su esposa.[13]

Antes del diluvio, el matrimonio reflejaba la falta de igualdad en la relación entre el hombre y la mujer, como resultado de la caída. Los hombres no andaban en igualdad de condiciones con sus esposas.

Según la narración bíblica, Noé entró primero al arca, seguido de sus hijos, después de su esposa y finalmente las esposas de sus hijos. Este orden se menciona dos veces (véanse Génesis 7.7, 13). Observemos que los hijos de Noé subieron al arca antes que su madre. Esta sucesión refleja la posición de inferioridad asignada a ella después de la caída.

Después del diluvio, cuando las aguas bajaron, Dios preparó a Noé para que saliera del arca. Era una ocasión solemne, ya que el *remanente* salvado por Dios iba a entrar nuevamente en contacto con la creación purificada. Para tal fin, Dios dio instrucciones a Noé sobre cómo desembarcar.

Dios dijo a Noé y su casa que desembarcaran en el orden que existía en el huerto *antes* de la caída. El Señor le dijo a Noé: "Sal del arca tú, y tu mujer, y tus hijos, y las mujeres de tus hijos contigo" (Génesis 8.16). Estudiemos con cuidado cómo Dios colocó a la esposa de Noé junto a él, y *antes que los hijos*. El orden de la secuencia es importante en las narraciones bíblicas, especialmente cuando quien lo enuncia es Dios.

---

13 Ted Hahs, el intercesor principal de Evangelismo de Cosecha, me pasó este material que él recibió de un intercesor en Modesto, California.

NOÉ NO SIGUIÓ EL ORDEN DADO POR DIOS

Lamentablemente, Noé no siguió las instrucciones de Dios. El relato de Génesis nos dice que "Salió Noé, y sus hijos, su mujer, y las mujeres de sus hijos con él" (8.18). Noé relegó a su esposa después de sus hijos, reflejando el antiguo orden, antes que el nuevo. Las trágicas consecuencias de este hecho no tardarían en llegar.

Noé plantó una viña, cosechó su fruto, hizo vino, lamentablemente se embriagó y se tendió, desnudo, en su tienda. Cuando su hijo Cam lo vio, informó con desprecio lo que había visto en Noé a sus hermanos. Esto hizo que Noé maldijera a Canaán, hijo de Cam, , cuando éste se enteró de lo que había sucedido. Esta maldición tuvo, a su vez, catastróficas repercusiones.

¿Podría haberse evitado todo esto? Sí. Naturalmente, por empezar, Noé nunca debiera haberse embriagado. Pero fuera de esto, nunca habría existido una maldición si la esposa de Noé hubiera estado en la tienda con él, en lugar de Cam. Que ella lo hubiera visto desnudo no habría sido problema. Lo más probable es que ella lo hubiera cubierto, Noé habría dormido su borrachera, y no habría habido consecuencias graves. Pero es muy posible que su esposa no estuviera allí porque él la había relegado a un rol secundario. Si Noé hubiera obedecido a Dios y hubiera salido del arca en el orden determinado por Él, nada de esto habría sucedido.

LA INTIMIDAD: INDISPENSABLE EN EL MATRIMONIO

La intimidad en el matrimonio, que es la relación más estrecha entre ambos sexos, es vital. Sin esta cercanía, la imagen de Dios continúa distorsionada en la tierra, dado que tanto al hombre como a la mujer se les ha confiado por igual mantener la intimidad en su relación. Además, la falta de intimidad abre la puerta al enemigo y hace vulnerable un flanco clave.

De la misma manera que el hombre debe proteger la mente de la mujer, la mujer debe proteger el corazón del hombre. Las mujeres no son, necesariamente, más piadosas que los hombres, pero sin duda son más espirituales. Pueden percibir todo lo que sea espiritual con mayor facilidad. La expresión "ayuda idónea" que Dios utilizó para describir a Eva significa, en hebreo antiguo, "la que revela el enemigo".[14] Eva dio evidencias de serlo cuando identificó a Satanás como el engañador. Además, en el conocido pasaje bíblico que habla de la mujer virtuosa, se nos dice que "El corazón de su marido está en ella confiado, y [como consecuencia de ello] no carecerá de ganancias" (Proverbios 31.11).

Es por ello que Satanás hará cualquier cosa por socavar y, de ser posible, destruir la intimidad entre el hombre y su mujer. El llamado mandato social, de sojuzgar a toda la creación, se le dio tanto al esposo como a la esposa, y en el contexto específico del matrimonio.

Dios les ordenó: "Fructificad y multiplicaos; llenad la tierra, y sojuzgadla" (Génesis 1.28). Para fructificar es necesario el matrimonio. Para multiplicarse es necesario tener hijos. Para sojuzgar la tierra es necesario ministrar en conjunto. Ambos debían trabajar juntos, como una sola carne, unidos entre sí, para sojuzgar a toda criatura viva, incluyendo a la serpiente. No es para tomarlo a la ligera: Adán no apoyó a Eva cuando vino la serpiente... y el resto es una triste y conocida historia.

Por esto es fundamental que se restauren las relaciones entre hombres y mujeres. De lo contrario, el diablo tendrá un camino de ingreso, como lo tuvo con Adán y Eva en el huerto y con Noé después del diluvio. La intimidad es la clave, y en ningún lugar se puede lograr y conservar mejor la intimidad que en un matrimonio sano.

EL MATRIMONIO EN LA ACTUALIDAD

En este nuevo milenio vemos que la institución del matrimonio está sufriendo duros ataques. Aunque siempre ha sido así, en la actualidad los ataques son tan efectivos y de tal magnitud que algunas personas predicen el fin del matrimonio como lo conocemos.

---

14   Frank T. Seekins, Hebrew Word Pictures, (Phoenix, AZ: Living Word Pictures, N.D.) pp. 1, 72, 73.

¿Qué está sucediendo? ¿Dónde está Dios en medio de todo esto?

El matrimonio es la empresa más compleja en la tierra. Es la unión total, en alma, espíritu y cuerpo, de dos seres humanos totalmente diferentes, y en muchos casos, diametralmente opuestos. ¿Quién diseñó esta relación a veces tan singular, y misteriosa?

Dios es el que creó el matrimonio. En realidad, le gusta tanto que comienza la Biblia con un casamiento y la termina con otro. Él llevó a cabo la primera boda en el huerto, y presidirá la boda de Cristo con la iglesia al final de los siglos. Jesús mismo realizó lo que muchos creen que fue su primer milagro en un casamiento. Muchas veces, después de esto, utilizó las figuras del matrimonio para enseñar las verdades más nobles.

A lo largo de toda la Biblia, Dios protege al matrimonio brindando directivas específicas destinadas a preservarlo y enriquecerlo. Sí, Dios ama al matrimonio, y sin duda lo aprueba.

LO QUE PIENSA DIOS, Y LO QUE PIENSA EL DIABLO

También es cierto lo contrario: Lo que Dios ama, el diablo odia. Desde el mismo principio de todo, el maligno ha estado tratando de socavar, y de ser posible, ensuciar, la unión entre hombre y mujer. Sospecho que hay tres factores que constituyen la principal motivación para que el diablo continúe lanzando incansablemente sus ataques sobre los matrimonios:

- El matrimonio, tal como Dios lo diseñó, produce la unión más íntima entre dos seres, y la tarea de Satanás es dividir, no unir.
- El concepto de "amor" le resulta tan extraño y aborrecible (y nada ilustra el amor humano mejor que el matrimonio), que destruir matrimonios es una de las primeras prioridades de Satanás.
- Cuando los esposos se dan por vencidos, sin importar la razón, los que más daño sufren son los hijos. Por eso el diablo

trabaja tanto para destruir los matrimonios; porque cuando lo consigue, obtiene un beneficio extra para él: el daño que sufre la generación siguiente. Esto, a su vez, tiene devastadoras consecuencias cuando estos niños se casan y se encuentran atrapados en el paralizante laberinto de cicatrices que les dejó el divorcio de sus padres.

LA RAZÓN MÁS IMPORTANTE

Sin embargo, existe otra razón para que el matrimonio sea blanco de los ataques del enemigo. Es estratégica, y se relaciona con la oración. El Señor Jesús dejó bien en claro que hay poder cuando dos (o tres) se ponen de acuerdo en oración (véase Mateo 18.19- 20). La pareja de oración más íntima y natural se da en un matrimonio. Si un esposo y una esposa, que comparten la casa, la cama y la familia, ejercen este poder en forma regular, el reino de las tinieblas sufrirá terribles daños. Jesús nos dijo que todo lo que se pidiera en tal contexto de unidad sería hecho por su Padre que está en los cielos. ¡Qué tremendo cheque en blanco nos ha dado!

Dios no cometió un error al crear el matrimonio. En realidad, declaró que era una necesidad. Veamos simplemente lo que Dios dijo en Génesis: "No es bueno que el hombre [o la mujer] esté solo" (2.18). Él sabía lo que estaba haciendo entonces, y sabe lo que está haciendo ahora.

La restauración de los matrimonios está en el primer lugar de la lista de prioridades de Dios, porque hombres y mujeres necesitan ministrar juntos como Adán y Eva en el huerto, antes de la caída. Deben andar codo a codo, en unidad, así como Dios quiso que Noé anduviera con su esposa después del diluvio. No importa cuán imposible parezca algo, Dios puede hacerlo, y está dispuesto a hacerlo. Debemos creerle.

Para encontrar la base sobre la cual se active nuestra fe, debemos comprender mejor qué regalo tan único constituye un cónyuge. Ese es el tema del próximo capítulo.

CAPÍTULO 11

EL HOMBRE COMO CABEZA: UN CONCEPTO LIBERADOR

Su cónyuge es el único regalo personal que Dios le dará en su vida. Dios le ha dado, y continuará dándole, muchos regalos; pero de todos ellos, solamente su cónyuge está diseñado en forma única y especial para su disfrute personal. Su salvación es el regalo más precioso, pero millones de personas también la tienen. Su trabajo es otro regalo; pero en algún momento alguien lo tomará donde usted lo haya dejado. Sus hijos le han sido confiados sólo por un tiempo; tarde o temprano dejarán el nido.

Pero Dios ha creado una persona exclusivamente para que usted la disfrute en el contexto del matrimonio: su cónyuge. Él o ella le pertenece a usted, y a nadie más, *hasta que la muerte los separe*. Él o ella es un regalo de por vida. Nadie más que usted tiene derecho a esa persona.

Cuando Dios creó a Ruth, mi esposa, estaba pensando exclusivamente en mí, en lo que respecta al matrimonio. Su sentido de la perfección equilibra perfectamente mi impulso visionario y liberal; y su ojo para los detalles enriquece y completa la figura cada vez más amplia que siempre estoy dibujando. Es increíble que Dios haya creado a una persona así y me la haya confiado para toda mi vida. Ella es mía, y de nadie más. Yo soy suyo, y de nadie más.

Su cónyuge merece lo mejor de usted, porque nadie podrá darle tanta felicidad como él o ella. Su cónyuge puede darle placer sexual sin culpa, comprensión sin sermones, compañía sin precio, hijos sin vergüenza.

Cada vez que amamos a nuestro cónyuge, Dios nos sonríe. Y cuando un hombre y su esposa se abrazan con amor, el misterio del matrimonio con toda su belleza enciende una nueva luz en este planeta oscuro.

Sí, Dios nos ha dado un regalo único y personal en nuestro cónyuge. Para asegurarse de que esta extraordinaria unión funcione, Él ha delineado claramente los roles y las posiciones que cada uno debe cumplir. En tal contexto, el concepto de quién es la cabeza asume gran importancia.

COMPRENDAMOS EL CONCEPTO

¿Qué significa ser cabeza? Esta expresión evoca desagradables imágenes de mujeres a las que se les ordena someterse a maridos arbitrarios. Evoca visiones de esposos autorizados a abusar de sus esposas y a dejar marcados a sus hijos con el hierro candente de la irracionalidad. Proyecta la imagen de mujeres heridas que deciden vivir solas su vida y su ministerio, principalmente porque han llegado a rechazar a todos los hombres. Esto inevitablemente las pone en una posición en que pueden ser más atacadas aún, y en muchos casos destruidas, porque el sistema ha sido diseñado y es gobernado por hombres. Sea que la mujer aspire a ser una ejecutiva o una ministra, las chances en su contra son abrumadoras. Muchas veces son aún mayores debido a que no comprendemos cabalmente qué significa "ser cabeza".

EL CONCEPTO EN LA BIBLIA

Aunque no existe una palabra específica para nombrar este concepto en la Biblia, se trata de una doctrina que surge de varios pasajes. Sus raíces se remontan al orden de la creación. Adán fue creado primero, y por eso le correspondieron ciertos privilegios y responsabilidades. Debido a la transgresión de Eva, después de la caída, se le confió a Adán una jurisdicción aún mayor. Aunque Cristo emparejó el campo de juego en el Calvario, hay aún suficientes residuos como para confundirnos fácilmente.

El pasaje clásico que habla de este tema en el Nuevo Testamento está en 1 Corintios 11, donde Pablo realiza una prolongada exposición sobre los roles y las posiciones masculinas y femeninas. El texto central dice:

Pero quiero que sepáis que Cristo es la cabeza de todo varón, y el varón es la cabeza de la mujer, y Dios la cabeza de Cristo (1 Corintios 11.3).[15]

Cuando vemos que el hombre es cabeza de la mujer así como Cristo es cabeza de todo varón, a primera vista parece que se le asigna a las mujeres una posición inferior. ¿Es esto realmente lo que Pablo quiere decir?

Este versículo en particular nos presenta el mismo desafío que encontramos en cuanto al orden de la creación y su diferencia con respecto del orden en el cual entró el pecado en el mundo. ¿Qué puede ser más absoluto que la posición de Cristo sobre todo hombre? Cristo es superior. Es el jefe. Es quien está a cargo. Tiene suprema autoridad. Si esta es la base para el concepto que estudiamos, entonces las mujeres deben permanecer en una posición de servidumbre.

DENTRO DE LA TRINIDAD

Antes de llegar a conclusiones apresuradas, retrocedamos un momento y apliquemos esa misma lógica a "y Dios [es] la cabeza de Cristo". Si pensamos en términos jerárquicos, aquí se nos presenta un serio problema teológico. Dios Padre no es superior a Dios Hijo, ni el Hijo superior al Espíritu Santo. Sabemos que dentro de la Trinidad no existen las jerarquías.

La palabra griega que se traduce como "cabeza" es *kephale*, que significa tanto gobernador / líder como origen / fuente. En este pasaje tiene sentido leerla como fuente de origen, tanto como líder, ya que encaja mejor con la referencia a los miembros de la Trinidad, así como dentro del contexto general.

---

15   Gary Greig realizó la siguiente aclaración: En este pasaje la palabra griega "aner" (esposo/hombre) debe traducirse "esposo", no "hombre". Además, la palabra griega "gune" (esposa/mujer) debe traducirse "esposa", no "mujer" debido al paralelismo del idioma y los temas de 1 Corintios 11 y Efesios 5:22,23, los cuales se refieren claramente a esposos y esposas.

Entre otras razones, sabemos que Dios es el origen / líder de Cristo, porque envió a Jesús al mundo (véanse Juan 3.16; 5.19). De la misma manera, Cristo, el segundo Adán, es la cabeza, o el origen, o la fuente de todo nuevo hombre en la iglesia, de la misma manera que Adán lo es en el orden natural.

EL HOMBRE COMO ORIGEN ESPIRITUAL

El concepto del hombre como fuente de origen de la mujer también se aplica al ámbito espiritual. Cristo comenzó con doce apóstoles *varones*. Aunque más tarde también se asignaron roles y ocupaciones a las mujeres, cuando Cristo sentó las bases del nuevo orden, la iglesia, todo comenzó con hombres.

Para enfatizar la absoluta interdependencia entre hombres y mujeres, Pablo la retrotrae al tema de los orígenes al decir: "Porque así como la mujer procede del varón, también el varón nace de la mujer; pero todo procede de Dios" (1 Corintios 11.12). No hay lugar para la superioridad masculina aquí, ya que hombres y mujeres no pueden existir unos sin otros.

Esta interdependencia se corresponde con el énfasis en la restauración de ambos sexos a su posición previa a la caída. En el huerto, Adán fue creado primero, y como tal, se le dio el rol de protector cuando Dios pronunció la prohibición de comer del árbol. Pero también es cierto que Adán, solo, no era "bueno" (Génesis 2.18). Fue la creación de Eva la que les permitió a ambos señorear sobre toda la creación, ya que no se les dio tal mandato hasta después que ella fue creada. En Génesis 1.28, el verbo hebreo con el cual se le ordena a Adán y Eva que señoreen sobre la creación es plural: un mandato dado tanto al hombre como a la mujer, lo cual significa que la mujer gobierna juntamente con su esposo (véase también Génesis 2.18).[16]

---

16   En Génesis 2:18, la palabra griega ezer kenegdo significa "ayuda igual a él" o "ayuda que le corresponde completamente a él". Francis Brown, et al, The Brown-Driver-Briggs Hebrew and English Lexicon (Peabody, MA: Hendrickson Publishers, 1996), p. 617.

LO QUE LOS GRIEGOS PENSABAN DE LA MUJER

Es importante tener en cuenta que la cultura del siglo primero consideraba a las mujeres inferiores al hombre, hasta el punto de enunciar una teoría según la cual las mujeres habían sido creadas a partir de formas de vida inferiores, y no del hombre. En tal contexto, el argumento de Pablo sosteniendo que las mujeres y los hombres están intrínsecamente ligados (como cabeza y cuerpo) no es algo que desmerezca a las mujeres, sino un progreso significativo.

En realidad, en este texto de la Biblia nunca se utiliza la palabra "sumisión" de la cual derivamos gran parte de nuestro concepto actual sobre lo que significa "ser cabeza". En 1 Corintios 7 se presenta a las mujeres en el mismo nivel que los hombres y en colaboración con ellos. Pablo destaca los siguientes aspectos enfáticamente:

1. El hombre tiene derecho a una esposa, tanto como la esposa tiene derecho a su esposo (v. 2).
2. Tanto el esposo como la esposa deben cumplir su obligación sexual (v. 3) porque sus cuerpos les pertenecen mutuamente, más que en forma exclusiva (v. 4). Si una pareja se priva del sexo, debe ser únicamente por consentimiento *mutuo* (v. 5). ¡Son afirmaciones extraordinarias, en un tiempo en que la mujer no tenía ningún tipo de derechos!

EN BUENA FORMA PARA LA REVANCHA

Debemos comprender que este pasaje, tan frecuentemente utilizado para desmerecer a las mujeres, por el contrario las eleva al nivel que Eva poseía antes de la caída. El diablo tiene una capacidad única para oscurecer nuestro entendimiento de las Escrituras, permitiendo que lleguemos a falsas conclusiones, como en el caso de la enemistad entre él y la mujer. El diablo es el amenazado, no ella. Esta visión equivocada también se evidencia en el tema de que las mujeres necesitan instrucción, que algunas veces los hombres utilizan para rebajar a las mujeres (véase 1 Timoteo 2.12-14). El diablo desea que vemos estos pasajes en forma restrictiva, más que restauradora.

De la misma manera que un luchador que está preparándose para una revancha desea llegar al mismo estado o a uno mejor que el que ostentaba en la primera ocasión, Dios está reacondicionando a hombres y mujeres para el enfrentamiento final que se acerca. En el huerto, Adán y Eva eran más que dos individuos separados; eran una pareja unida en matrimonio que se había fundido hasta llegar a ser uno. El matrimonio es el centro de esta figura. La meta de Dios es que el hombre y la mujer no sólo sean restaurados hasta llegar al estado que disfrutaban en el huerto, sino que ahora estén en una posición más fuerte.

CÓMO ERAN ADÁN Y EVA
¿Cómo eran Adán y Eva en el huerto?
Dios les dijo a Adán y Eva:

> Fructificad y multiplicaos; llenad la tierra, y sojuzgadla, y señoread en los peces del mar, en las aves de los cielos, y en todas las bestias que se mueven sobre la tierra... he aquí que os he dado toda planta... y todo árbol en que hay fruto... os serán para comer (Génesis 1.28-29).

Las instrucciones de Dios nos muestran tres círculos concéntricos. Dentro del primero, el central, se encuentra la pareja con sus descendientes. El siguiente círculo incluye lo que ellos deben señorear, es decir, toda forma de vida animal. Finalmente, en el círculo externo, se incluye la provisión de Dios para ellos así como para todo lo que ellos debían dominar.

Es importante observar el rol central asignado a la pareja y por consiguiente, a la familia. Adán y Eva debían ministrar juntos y, cuando llegaran los hijos, hacerlo como familia. En la actualidad, hemos creado una dicotomía entre ministerio y familia. Esto beneficia directamente al juego del diablo, que desea mantener separados a hombres y mujeres, así como a padres e hijos, para poder eliminar la sinergia que produce la combinación de ambos.

Para corregir esta situación, el Nuevo Testamento abunda en enseñanzas sobre la restauración de la mujer, la santidad del matrimonio y el compañerismo entre padres e hijos. El ministerio, como en el huerto, debe ser un asunto de familia, no una profesión aparte, y algunas veces, en competencia con ella. Cuando creamos una dicotomía entre familia y ministerio, ambos se convierten en adversarios, y finalmente en enemigos. Como consecuencia, acaban devorando la intimidad en el matrimonio y por último, el destino de los hijos.

FUERA DEL HOGAR

El principio de quién es la cabeza se convierte en algo destructivo cuando en el matrimonio se lo enfoca como un enfrentamiento de un adversario masculino contra uno femenino. La interacción entre el esposo y la esposa debe ser una relación edificante y que además los ayude a crecer. Quienes apoyan la supremacía masculina aplastan a las mujeres y pierden así el 50% de la fuerza productiva, y en el proceso se perjudican a sí mismos, ya que "no es bueno que el hombre esté solo". Quienes favorecen el enfoque feminista dejan a las mujeres expuestas, como Eva en el huerto, ya que las mujeres no pueden solas hacerle frente al diablo. Los que buscan una posición intermedia diciendo que es legítimo que el varón sea cabeza en el hogar, pero no en el ministerio, están negando la contribución más importante de este concepto: la protección. ¿Dónde necesitan las mujeres más protección, en el hogar, o fuera del hogar? Obviamente, lo necesitan más cuando están afuera, en el mundo.

QUIÉN ES CABEZA EN EL MINISTERIO

Creo que todo el tema de quién es la cabeza en el ministerio puede solucionarse si adoptamos una perspectiva globalizadora más que una divisionista. Dios ha confiado a los hombres la tarea de proteger a las mujeres; y a las mujeres, la de complementar a los hombres. De la misma manera que no puede nacer un niño si un hombre y una mujer no se unen en la forma más íntima posible, tampoco se puede llegar a la cumbre del ministerio sin una colaboración similar entre los géneros, especialmente entre esposos y esposas.

Cuando vemos al ministerio como una extensión de la vida de la familia (véase 1 Timoteo 3.1-13), la dicotomía sobre quién es la cabeza se termina. Si los hombres tienen derecho a ser cabeza en el hogar, y la vida ministerial es una extensión de la vida en la familia, entonces tienen la misma responsabilidad en el ministerio, que en el hogar. Esto es muy importante, porque los hombres tienden a ser más holgazanes en los temas espirituales. Aun estando en el ministerio, tienden a inclinarse hacia la visión y el impulso, pero fallan miserablemente en todo lo relativo al amor y el cuidado. Las mujeres, como hemos observado en capítulos anteriores, tienden a sobresalir en los niveles más profundos de espiritualidad. Cuando ambos ministran como pareja, el problema queda resuelto.

¿QUÉ PASA CON LOS SOLTEROS?

La soltería puede ser por un tiempo, o por toda la vida. En ambos casos, se trata de un llamado divino. Pablo enseña que "el soltero tiene cuidado de las cosas del Señor" (1 Corintios 7.32*b*) y que el celibato constituye el ambiente ideal para "… que sin impedimento os acerquéis al Señor" (1 Corintios 7.35). Las personas solteras tienen una opción que los casados ya no tienen: dedicar toda su energía y su tiempo a servir a Dios.

Recuerdo cuando yo era soltero; aunque mis amigos y yo estábamos llenos de actividades del estudio y el trabajo, ¡cuán energizante era dedicar todos los minutos disponibles al Señor y a la iglesia! Después de un día agotador en la escuela o en el trabajo, nos reuníamos, por voluntad propia y llenos de entusiasmo, a pasar parte de la noche o la noche entera en oración. Algunas veces pasábamos todo el fin de semana predicando en lugares lejanos. Nunca necesitábamos preocuparnos por las responsabilidades del hogar; éramos solteros y estábamos dedicados al Señor y a su obra. Fue una época muy fructífera.

Ser soltero no significa estar solo y aislado. Jesús era soltero, pero mantenía un equilibrio perfecto. Cuando no estaba con el Padre, orando (algunas veces toda la noche), estaba rodeado de personas a las que les ministraba o que le ministraban a él.

El ejemplo que Jesús nos presenta, al dedicarse tanto a Dios como a las personas, tiene como fin modelar nuestro carácter en una forma extraordinaria. Si la soltería es por un tiempo, preparará a la persona para el matrimonio, desarrollando en ella un enfoque equilibrado hacia las relaciones, tanto la vertical (con Dios) como las horizontales (con las personas). Si la soltería es un llamado para toda la vida, este ejemplo protegerá a la persona de peligrosas distracciones.

Toda persona, sea casada o soltera, necesita un entorno familiar saludable. Pablo destaca las profundas relaciones interpersonales que deben caracterizar a las personas solteras en su carta a Timoteo, que también era un ministro soltero. Pablo llama a Timoteo "hijo" (1 Timoteo 1.18) y le da instrucciones de tratar a los hombres mayores como padres, a los jóvenes como hermanos, a las mujeres mayores como madres y a las mujeres jóvenes como hermanas (1 Timoteo 5.1-2). Pablo le recuerda que el origen de su fe fueron su madre y su abuela (2 Timoteo 1.5).

Soltería y familia no son conceptos incompatibles. En realidad, es necesario que coexistan, para que la soltería no se convierta en algo dañino. Las personas solteras que no tienen una familia extendida son emocionalmente y espiritualmente vulnerables, porque carecen de cobertura espiritual y de apoyo emocional. Por otra parte, cuando la persona soltera es parte adecuada de un ambiente seguro, ya sea su propia familia o una "adoptiva", puede vivir cerca del Señor "sin impedimento".

LOS HIJOS SON LA CLAVE

Si ministrar como pareja es espectacular, se pone aún mejor cuando los niños se incorporan al equipo. El diablo quiere que pensemos que los niños son débiles, para que nuestra energía y nuestros recursos estén dedicados por completo a cuidar de ellos más que a convocarlos para que se unan a nosotros en la tarea de "sojuzgar la tierra" (véase Génesis 1.28).

El Salmo 127 habla de combinar la familia y el hogar con la tarea de alcanzar la ciudad en forma positiva. Comienza señalando la necesidad de construir el hogar y asegurar la ciudad. Después pasa a una amonestación: "Por demás es que os levantéis de madrugada y vayáis tarde a reposar, y que comáis pan de dolores..." (vv. 1, 2). ¿Por qué? Porque toda esa preocupación no ayudará a construir el hogar ni a mantener segura la ciudad. La clave es que "a su amado dará Dios el sueño" (v. 2).

¿Qué es lo que Dios puede darnos, y que logrará lo que toda esa agotadora hiperactividad no logra alcanzar? ¡Los hijos! "He aquí, *herencia* de Jehová son los hijos; cosa de estima el fruto del vientre" (v. 3, énfasis agregado). Por favor, no perdamos la conexión que se presenta aquí: Dios da su *herencia*, y esa herencia son los *hijos*.

Dios no les habría dicho a Adán y Eva que se multiplicaran para sojuzgar toda la tierra a menos que los hijos fueran un punto a favor, en lugar de ser en contra. Tampoco implicaría en este salmo que los niños tienen como fin edificar el hogar y resguardar la ciudad, si no fuera así. En esto tenemos que cambiar algunos paradigmas. Los niños son una adición extraordinaria a la familia que sin dudas inclina la balanza a nuestro favor: "Como saetas en manos del valiente, así son los hijos habidos en la juventud. Bienaventurado el hombre que llenó su aljaba de ellos..." (vv. 4, 5). Esta conexión es la clave.

UNA AMENAZA PARA EL ENEMIGO

Los hijos son saetas que están en la aljaba, y son necesarios para enfrentar al enemigo, para eso deben salir de la aljaba. Esto se refiere a la participación de los niños en el ministerio. El Salmo 127 muestra a los niños como una amenaza para el enemigo, más que como una manera de agotar recursos o una causa constante de preocupación para los padres.

El diablo desea que creamos que nuestros descendientes son débiles, vulnerables e incapaces de luchar. Si creemos esta mentira pasaremos la mayoría del tiempo y gastaremos gran parte de nuestra energía protegiéndolos. Un soldado que lucha *para* proteger las flechas de su aljaba, en lugar de luchar *con* ellas, pronto será vencido.

EL DIABLO NO ES BIEN RECIBIDO

Observemos ahora cómo el salmo cierra con una nota de victoria: "No será avergonzado cuando hablare con los enemigos en la puerta" (v. 5). ¿De quién está hablando el salmista aquí? De los padres y de sus hijos, parados a las puertas de la ciudad enfrentando a los enemigos. ¿Dónde están los enemigos? No dentro de la casa, ni de la ciudad, sino a las puertas. Las puertas de la ciudad representan el límite externo. Allí es donde debe estar el diablo, lejos de nuestros hogares y de nuestras ciudades. La distancia entre el hogar y las puertas de la ciudad es la de un tiro de flecha lanzado por un arquero experto. Los niños deben participar del ministerio, especialmente en la guerra espiritual. ¡Es hora de que les demos libertad de hacerlo! Veamos lo que Jesús dijo cuando oró por los niños:

> ... Dejad a los niños venir a mí, y no se lo impidáis; porque de los tales es el reino de Dios. De cierto os digo, que el que no recibe el reino de Dios como un niño, no entrará en él (Lucas 18.16-17).

EL CÍRCULO SE CIERRA

Para liberar a los niños con el fin de que sirvan en el ministerio, es necesario que veamos la imagen de Dios restaurada en hombres y mujeres, dado que a ambos géneros se les han confiado roles iguales. Esposos y esposas necesitan experimentar una poderosa visitación de Dios para que se produzca la restauración. De este despertar surgirá el poder para los niños, cuando Dios "hará volver el corazón de los padres hacia los hijos, y el corazón de los hijos hacia los padres" para quitar la maldición de nuestra tierra (Malaquías 4.6).

Es un llamado elevado, que requiere de abundante gracia. Para aprender más sobre esto, en el próximo capítulo volveremos a la mujer abusada cuya historia comencé a relatar en el capítulo 5. Su historia es un dramático reflejo de lo que se necesita, y el resultado final, una parábola viva del poder que está reservado para todos nosotros.

CAPÍTULO 12
LA RESPUESTA A LOS "¿POR QUÉ?"

La mujer preguntó: "¿Por qué?", y se quedó allí, esperando una respuesta. Quería saber por qué había sido brutalmente herida por su padre que había abusado sexualmente de ella. Por qué su personalidad había quedado fragmentada. Por qué la ira la consumía aún. Por qué toda la carga emocional que sufría seguía quebrándole la espalda, aunque ahora era cristiana. ¿Acaso no se supone que el evangelio soluciona todo eso?

Era justo que se hiciera todas esas preguntas, porque el evangelio es buenas noticias, no buenos consejos. Un buen consejo es lo que ofrece un banquero a la persona a la que acaba de ejecutarle una hipoteca, cuando le da la dirección del hogar del Ejército de Salvación más cercano para ver si lo pueden hospedar. Buena noticia es decirle a esa persona que alguien acaba de pagar la totalidad de la hipoteca vencida, ¡y que además le ha dejado un millón de dólares!

BUENAS NOTICIAS, MÁS QUE BUENOS CONSEJOS

Muchos cristianos están cansados de escuchar buenos consejos, en lugar de buenas noticias. Ya han agotado su capacidad de conservar la esperanza mientras al mismo tiempo tratan de arreglárselas para solucionar problemas que cada día se vuelven peores. La Biblia no utiliza la expresión "arreglárselas". El equivalente bíblico es "vencer". Dios desea que obtengamos la *victoria* sobre nuestros problemas.

Hallar la respuesta a las preguntas que se formulaba esta mujer es algo vital para la reconciliación de los sexos. Aunque por lo general las mujeres son blanco del abuso, también hay hombres heridos. Hay dolor y sufrimiento a ambos lados de la cerca. Debemos derribar esta cerca; debemos tomarnos de las manos y levantar nuestra mirada a Aquél que es mayor que todos nosotros.

Es necesario perdonar pecados y limpiar la injusticia que los originó. Para que se produzca la reconciliación entre los sexos debemos aprender a perdonar, no una, sino millones de veces. Debemos hacerlo, no un día, ni durante un tiempo, sino toda la vida. La buena noticia es que esto es posible. La noticia mejor es que podemos comenzar hoy mismo.

LA PREGUNTA CORRECTA

Sentí que esta mujer, cuya historia relaté en el capítulo 5, había formulado esa misma pregunta muchas veces, y que vez tras vez se había sentido desilusionada por la falta de una respuesta satisfactoria. Ahora estaba allí, esperando, temiendo una vez más ser castigada con el conocido y ensordecedor silencio.

Le dije que la pregunta "¿Por qué?" es la preferida de Satanás. Nadie puede darle respuesta, excepto Dios, porque para hacerlo es necesario conocer todos los factores y todas las posibilidades. En cambio, le propuse una pregunta diferente: "¿Para qué?"

Preguntar "¿Para qué?" sería buscar qué es lo que Dios desea lograr por medio de estos hechos de su vida con vista al futuro, en lugar de concentrarse en lo que había hecho mal como para merecer el trato recibido en el pasado. Si ella lograba encontrar un propósito redentor en esa tragedia, la desesperanza que la destruía desaparecería. El propósito convierte al dolor en siervo, en lugar de amo. No es lo mismo que una mujer sufra un terrible dolor de muelas a las dos de la madrugada, que entrar en dolores de parto en mitad de la noche. Aunque esto último quizás le cause más dolor, esperará ansiosamente que éste *aumente*, porque el *propósito* de tal dolor es dar a luz un bebé.

La mujer con la que estaba hablando en esa conferencia preguntaba cómo era posible que hubiera redención en tanto sufrimiento. Le recordé que 4 de cada 10 mujeres sufren alguna forma de abuso sexual. Si ella encontraba una solución, estaría en condiciones de ayudarlas. Al verla a ella, otras víctimas de abuso sexual podrían notar dos cosas: que ella sabía cómo se sentían, porque había pasado por lo mismo, y que tenía la solución, por la esperanza que reflejaría.

¿DÓNDE ESTABA DIOS?

"¿Dónde estaba Dios cuando mi padre me violaba?", preguntaba esta mujer, exigiendo una respuesta.

Le dije que yo no sabía la respuesta a su pregunta, pero dado que era justo que lo preguntara, trataríamos de descubrirla. Entonces le indiqué que realizara un ejercicio para repasar cada año de su vida, desde que tuviera memoria.

Fuimos avanzando de a un año por vez, repasando sus emociones hasta el día en que su madre no le creyó y ella se dirigió hacia el río para suicidarse. Le pregunté: "¿Por qué no se lanzó al río?"

Me dijo que no lo sabía. Le pedí que lo pensara. Me dijo: "No puedo".

Insistí, y dijo, llorando: "No quiero hacerlo".

Con suavidad, pero con firmeza al mismo tiempo, la insté a que continuara. Su rostro se crispó, su cuerpo comenzó a temblar, y las lágrimas comenzaron a caer de sus ojos como un torrente. Me di cuenta de que estaba tratando desesperadamente de atravesar una barrera de emociones reprimidas que el dolor y la amargura habían mantenido atadas en su interior. Esto continuó durante un rato; y cuando yo comenzaba a preocuparme pensando que quizás llegara un punto en que esta mujer no pudiera soportarlo más, me mostró una radiante sonrisa.

Abriendo sus ojos con supremo deleite me dijo: "Lo veo, ¡lo veo!"

Le pregunté a quién estaba viendo. Me dijo: "A Jesús. Él estaba allí, junto al río. Me abrazó y me consoló. Por eso no me lancé al río".

Continuamos avanzando de a un año por vez, hasta que llegamos al momento en que trató de cortarse las venas. Se produjo la misma situación de intenso dolor inicial, culminando en un gran gozo. Esta vez dijo: "Lo veo. Lo veo. Un ángel vino y me cubrió con sus alas". Le dije que dado que Dios había estado tan cerca de ella, había razones para creer que el resultado final sería positivo.

MÚLTIPLES PERSONALIDADES

"¿Está usted seguro?", me preguntó. "¿Y qué de mis múltiples personalidades? Usted no tiene idea de la vida terrible que llevo. Nunca me he sentido entera como persona, y nunca sé cuándo se apoderará de mí la personalidad violenta".

Le expliqué que la fragmentación de su personalidad era lo que evitaba que ella se volviera loca, ya que es imposible para una niña guardar en una misma imagen al padre que ama instintivamente y a la bestia que abusa de ella. La fragmentación de su psiquis le había permitido desconectar, y de esa forma proteger, algunas partes de la imagen, durante los actos de violencia. Le aseguré que Dios podía curarla, y que sin duda lo haría.

Yo había visto algo similar antes, y sabía con seguridad que Dios podía sanar ese problema. Mi esposa Ruth y yo habíamos ministrado a una joven estudiante del Instituto Moody que vino a vernos desesperada. Estaba al fin de sus fuerzas, emocionalmente hablando. Había pasado por todas las formas de consejería imaginables, tratando de recomponer los 11 fragmentos en los cuales se había dividido su personalidad. Mientras ella hablaba, le pregunté a Dios qué debía hacer, y sentí con claridad que Él me decía: "Asegúrale que la sanaré. Después haz una oración de fe". Ruth y yo hicimos lo que Dios nos indicaba, y al día siguiente la joven estaba completamente transformada.

Nos dijo que durante la noche había sentido un intenso dolor en su alma, como si algunos huesos que no estaban bien colocados, se hubieran quebrado y luego recompuestos en el lugar correcto. Al levantarse, se sintió completa por primera vez en su vida. Tres meses después quisimos saber cómo estaba, y nos enteramos de que estaba mejor que nunca. Por eso sabíamos que Dios podía curar este terrible problema.

NADA DE ARMAS PEQUEÑAS

Después, la mujer que yo estaba aconsejando en esa conferencia me preguntó acerca de su ira incontrolable. Me dijo cuánto lamentaba que su padre hubiera muerto antes que ella pudiera matarlo. Su ira era tan intensa que me aseguró que si el hombre estuviera en ese mismo cuarto, lo mataría sin remordimiento alguno. "¿Qué de mi ira?", me preguntó llorando.

"Hermana", le dije, "esa ira es lo que le ha impedido caer en la desesperación total, porque le dio una esperanza; imperfecta y mala, pero esperanza al fin. Pero tal esperanza no la ha ayudado en nada. Es como darle una pistola de aire comprimido para atacar a un rinoceronte. Usted necesita un arma más grande. Quiero poner en sus manos una bazuca cargada como para derribar a un oso, para dispararla a corta distancia".

Así, finalmente logré que me prestara atención. "¿De qué se trata?", me preguntó.

Le expliqué que ella había recibido la gracia de Dios en vano, algo que Pablo no deseaba que hicieran los corintios (véase 2 Corintios 6.1).

FUERA EN 30 MINUTOS

Lo que le dije a continuación cambió la vida de esta mujer para siempre. En menos de 30 minutos, medio siglo de oscuro dolor se convirtió en un brillante trofeo de la gracia de Dios. Este es el mensaje que se necesita para tender un puente sobre la brecha entre los sexos y lavar el pecado y la ira que supuran, ensuciando a personas en todo el mundo. Es el mensaje de cómo no recibir la gracia de Dios en vano.

¿Qué quiero decir con esto?

El diablo no puede evitar que Dios derrame su gracia sobre nosotros, porque Dios es todopoderoso. Tampoco puede evitar que la recibamos, porque Dios siempre completa lo que comienza. Dado que Satanás no puede evitar que la gracia nos alcance, se concentra en evitar que la *apliquemos* al pecado para el cual ha sido enviada.

El campo donde ha logrado mejores resultados, es en nuestras heridas. Las heridas son la dimensión tangible de los pecados cometidos en contra de nosotros. La única manera de limpiar el pecado es por medio de la gracia, y por ello Dios nos da gracia para tratar el pecado que nos hiere. Pero el maligno nos dice que esta gracia no sirve a menos que el ofensor se arrepienta y nos pida perdón. El enemigo quiere que pensemos que el que nos ha ofendido es el que debe activar la gracia por medio de su arrepentimiento.

Es una perspectiva algo triste, ya que si el ofensor no coopera, quedamos en una posición muy vulnerable: hemos sido heridos, y al negarse a arrepentirse, el ofensor nos causa una nueva herida.

Pero la falta de arrepentimiento por parte del violador no es obstáculo para que se extienda la gracia. Cuando alguien peca contra nosotros, Dios automáticamente nos da gracia para manejar la situación. El hecho de que alguien peque contra nosotros nos da la autoridad necesaria para perdonar. Dios perdona en dimensión vertical, pero sólo la persona herida puede perdonar una ofensa personal en el nivel horizontal.

Al morir en la cruz, Jesús derramó su sangre por los pecados del mundo, y todos fueron perdonados. Pero ¿cuántas personas que estaban alrededor de la cruz experimentaron efectivamente ese perdón? Sé de una que lo hizo de seguro: el ladrón que estaba en la otra cruz junto a Jesús. Tal vez dos, si contamos al centurión. Aunque sólo un par de personas experimentaron el perdón, todas fueron perdonadas.

EL PODER DE LA GRACIA

Esto es así porque aquel contra el cual se cometió el pecado activó la gracia, Cristo; no por el que pecó. La opción de perdonar corresponde siempre a la persona ofendida. Satanás lo sabe, y por ello trabaja duramente para convencernos de que no hay nada que podamos hacer a menos que el ofensor se arrepienta.

Si creemos esta mentira, estamos recibiendo la gracia de Dios en vano. Es como una persona que está muriendo de neumonía y recibe los antibióticos necesarios; los pone sobre su mesita de luz, pero nunca los toma... y pocos días más tarde, muere. Aunque ha *recibido* el medicamento, no lo *toma*. Es lo que Pablo escribe en 2 Corintios 6.1: "... Os exhortamos también a que no recibáis en vano la gracia de Dios". No basta con recibirla; se debe aplicar la gracia al pecado.

Las heridas más dolorosas son las que nos infligen las personas que no podemos borrar de nuestras vidas, como nuestros familiares, amigos o conocidos. Además, no importa cuánto tiempo haya pasado desde que se la infligió, es como si se repitiera cada día, porque cada herida tiene un sistema incorporado de repetición propia.

RECORDAR LA HERIDA

¿Alguna vez le han herido? Estoy seguro de que podrá darme un detallado informe sobre más de un agresor. Usted conoce bien las transgresiones. Recuerda cada detalle. Dado que estas heridas están tan frescas en su mente, supongo que habrán sucedido hoy, quizás esta misma mañana... No, me dice usted. Sucedieron hace mucho tiempo, pero vuelven a suceder cada día que usted las recuerda. Si usted es como todos, probablemente al recordarlas agrega nuevas capas de dolor a las primeras.

Una vez aconsejé a un hombre muy anciano, tan anciano que hasta tenía arrugas en sus arrugas. Con voz débil y entre dientes, me contó una historia terrible de dolor y abusos. Al hacerlo, las lágrimas comenzaron a correr por el laberinto que formaban sus arrugas. Mientras lo observaba, me dije: "Estas lágrimas deben ser las más amargas del mundo, porque este hombre está lleno de dolor".

Cuando terminó de contarme sobre una herida que le habían causado, le pregunté: "Roger, ¿cuánto tiempo hace de esto?" Me miró con sus ojos empañados por la desesperanza y la vergüenza, y me dijo: "Hace cincuenta años". Aunque había sucedido hacía medio siglo, estaba sucediendo otra vez, ante nuestros propios ojos.

Roger había escuchado cientos de sermones sobre la gracia y el perdón. Habían orado por él más veces de las que podía recordar, pero nada había cambiado sustancialmente. ¿Por qué? Porque aunque había recibido mucha gracia, la había recibido en vano. Su mesita de luz estaba abarrotada de todos los medicamentos necesarios, pero nunca los tomaba, porque esperaba que la persona que lo había herido se los diera. ¡Qué desperdicio de gracia!

SOLTAR LA OFENSA

Para ver cómo es esto de aplicar la gracia, veamos primero qué dice la Biblia: "De modo que si alguno está en Cristo, nueva criatura es; las cosas viejas pasaron; he aquí todas son hechas nuevas" (2 Corintios 5.17).

¿En qué momento comenzaron a hacerse concretas las cosas nuevas de Dios en su vida? Si responde "en el momento de la conversión", quizás usted recibió la gracia de Dios en vano. Ahora se encuentra con una canasta en cada mano. En una están las cosas nuevas que Jesús le ha estado dando desde que se convirtió. Usted quiere que todos vean esta canasta. Pero en la otra mano sostiene otra canasta que intenta esconder detrás de la espalda. No desea que nadie la vea, porque esa canasta contiene las cosas viejas, que pasaron antes de su conversión.

Si esta es su situación, entonces quizás se encuentre diciendo: "Desearía haber conocido antes a Jesús. Estoy agradecido por la salvación y las muchas cosas nuevas que Él me ha dado, pero algunas de las cosas que hice antes de entregarme a Jesús me han marcado, y ahora vivo a la sombra de ellas".

Esto no parece una buena noticia. En realidad, es una noticia terrible. Es el equivalente de la esquizofrenia espiritual, y representa lo opuesto de lo que Dios desea para su vida.

Lo que verdaderamente sucede en el momento de la conversión es que la gracia de Dios entra a nuestra vida y se remonta hasta el momento de la concepción, convirtiendo todas las cosas viejas en cosas nuevas. Esto es posible porque todo lo que Dios hace ayuda a bien.

Él toma lo que el diablo programó para el mal y lo utiliza para el bien. Donde abunda el pecado, Él hace sobreabundar la gracia. El pecado nunca puede superar a la gracia; siempre sucede al contrario. Esto queda bien ilustrado en el testimonio de Pablo. Antes de su conversión, la más desagradable de las "cosas viejas" de su vida era que Pablo era un *destructor* de la fe. Después de su conversión, se convirtió en un *constructor* de la iglesia.

LA TOTALIDAD DE LA VIDA

El paisaje de nuestra alma estaba marcado por toda clase de obras malas. La gracia de Dios derramada en el momento de la conversión tiene como fin transformar nuestra vieja vida. Él no salvó sólo la parte de nuestra vida que comenzó el día que nacimos de nuevo, sino que salvó la totalidad de nuestra vida, desde el momento de la concepción en adelante. Y así debe ser, porque si hay un área de nuestra vida que necesita transformación, es la anterior al momento en que aceptamos a Jesús como nuestro Salvador.

Dado que la concepción es el momento en que comienza nuestra vida, también es el momento en que pueden comenzar a suceder las *cosas viejas*. Como ministro, muchas veces veo evidencias de esto al aconsejar a diversas personas. Algunos luchan contra un tremendo rechazo, y no saben por qué. Después de hacerles una serie de preguntas, el origen del problema continúa oculto. Pero cuando a esa persona le pregunto: "¿Es usted un hijo no deseado?", doy directamente en el blanco.

¿Por qué?

Porque cuando la madre descubrió que estaba embarazada, se molestó y deseó que ese embarazo terminara, y de esta manera, involuntariamente y sin saberlo, introdujo la primera "cosa vieja". Una persona que comenzó así puede convertirse en cristiana cuando tiene cinco años, o cincuenta, pero a menos que la gracia de Dios llegue hasta el momento en que fue concebida, vivirá sufriendo hasta convertir esa primera cosa vieja en una cosa nueva. Llegará al cielo, pero hasta que muera, la tierra será un infierno para ella.

LOS BENEFICIOS DE LA GRACIA

El propósito de la gracia es para aplicarlo a todo pecado en nuestras vidas, no sólo los cometidos *por* nosotros, sino también los cometidos *contra* nosotros. El designio de Dios es que su gracia recorra toda la extensión de nuestra vida, tocando cada mala obra, y luego nos haga libres de la maldición del pecado, a nosotros y a quienes nos han herido.

¿Por qué es tan difícil comprender que la misma gracia que borra nuestro pecado también cancela los pecados que otros han cometido contra nosotros? Es difícil porque, como occidentales que somos, encaramos la vida en forma individualista. Se nos ha enseñado que Dios trata con nosotros como individuos. Aunque esto es cierto, también es cierto que Dios trata con nosotros en forma colectiva. En la Biblia encontramos numerosos ejemplos en los que el pecado, o el arrepentimiento de una persona, maldijo o bendijo a grupos de personas (véanse Josué 7.1-26; Esdras 9.5-15; 10.1). Tendemos a leer rápidamente estos pasajes sin profundizar en ellos, porque, como occidentales que somos, nos resultan difíciles; pero se los encuentra en toda la Biblia.

El pecado, aunque sea *personal*, tiene consecuencias colectivas, y se lo debe tratar en forma colectiva. Si un esposo comete adulterio, la esposa inocente se verá afectada, al igual que sus hijos, su ministerio y su iglesia. No hay forma de escapar a la dimensión colectiva del pecado. Por lo tanto, si la gracia es el remedio de Dios para el pecado, para tratarlo en forma efectiva, la gracia también debe ser colectiva en sus beneficios. Esta es una tremenda buena noticia.

Si un pecador se arrepiente, Dios lo perdona inmediatamente, cortando así el flujo de suciedad creado por su pecado. Pero si no se arrepiente, Dios da gracia a quienes fueron afectados, para poder contener, o incluso revertir, la degradación que el pecado causó.

CON LOS OJOS DE CRISTO

Antes de llegar al punto de recibir la gracia que Cristo nos ofrece a cada uno, debemos ver al que pecó contra nosotros como Dios lo ve de este lado del Calvario. La clave se encuentra en 2 Corintios 5.16: "De manera que nosotros de aquí en adelante a nadie conocemos según la carne; y aun si a Cristo conocimos según la carne, ya no lo conocemos así".

Tenemos la posibilidad de elegir: podemos ver al ofensor en Cristo o en la carne. En la carne, su pecado está aún activo y merece castigo; pero en Cristo, ya está perdonado, aunque esa persona no haya reclamado tal beneficio. Ya la sangre de Jesús lo limpió. Cuando esa persona se arrepienta, si lo hace, Cristo no volverá a derramar su sangre para limpiar su pecado, ya que lo hizo una vez, y fue para siempre.

EL PADRE, LA NIÑA Y LA ABEJA

Este principio de la gracia de Dios nos brinda la opción de ver al ofensor en el estado carnal (natural), sin perdón, o como ya perdonado en Cristo. Pablo nos exhorta verlo "en Cristo" y a tratarlo en consecuencia. El ejemplo del padre, la niña y la abeja ilustra este punto.

Un hombre manejaba su auto por la carretera un caluroso día de verano. Las ventanillas estaban cerradas, el aire acondicionado encendido, y su hija de cinco años iba sentada junto a él. De repente, la niña comenzó a gritar: "¡Papá, hay una abeja en el auto! Va a picarme. Tengo miedo, papá. ¡Por favor, haz algo!"

El papá trató de seguir mirando con un ojo la carretera mientras con el otro buscaba la abeja. Finalmente la atrapó con fuerza en su mano pero la abeja lo picó. Después, tomándola por las alas, se la mostró a su hija, quien se asustó aún más, y gritó: "Papá, me va a picar. ¡Me va a picar!" Señalando la herida en su mano, el padre le dijo: "No tengas miedo. No puede hacerte daño, porque ya me picó a mí". Esto es exactamente lo que Cristo hizo en la cruz. El pecado cometido contra nosotros fue resuelto por las llagas que Él sufrió. Él pagó el precio para que podamos recibir gracia abundante para manejarlo en el nivel horizontal.

¿POR QUÉ TANTO DOLOR?

Quizás usted me diga: "Si mi pecado ya fue resuelto, ¿por qué duele tanto?" Porque la paga del pecado es la muerte (véase Romanos 6.23). Por lo tanto, los pecados no remitidos permanecen activos, generando muerte, día tras día. Si una persona fue golpeada o violada hace mucho tiempo, ya no siente dolor físico. Los magullones y el dolor han desaparecido hace mucho. Lo que aún le duele es la muerte que ese pecado no remitido continúa generando. El pecado continúa activo, y continuará así hasta que se aplique a él la sangre de Jesús. Para hacer esto, se debe ver al pecador *en Cristo*, y su pecado, como perdonado.

DURA COMO LA PIEDRA

Por alguna razón, el diablo desea que creamos que la gracia es blanda como una jalea. Por el contrario, la gracia es dura como la piedra. Aplicar gracia a un pecado que no lo merece no es un acto de debilidad, sino de gran valentía espiritual. La gracia fue el arma que Jesús eligió mientras estaba colgado desnudo en la cruz, abandonado por sus discípulos, desamparado por su Padre, y rodeado de demonios. Parecía débil y vulnerable, sin nada con que defenderse, excepto la gracia.

Jesús se extendió para alcanzar la gracia, y en un momento dio vuelta todas las cosas. Satanás fue desarmado y exhibido públicamente en un desfile, vencido (véase Colosenses 2.14-16). El ladrón creyó en Jesús. El centurión reconoció su divinidad. La multitud se alejó golpeándose el pecho y convencida de haber cometido un terrible error al consentir en su ejecución. El Padre pudo abrir el camino para que los pecadores huyeran de los calabozos de Satanás. En un segundo, se redimieron los pecados de todo el mundo. Todo eso, porque Jesús eligió la gracia en lugar del juicio.

La gracia cambia el peor pecado convirtiéndolo en el mejor trofeo. Es la misma gracia que Pablo desea que no recibamos en vano.

DE MALDICIÓN A BENDICIÓN

La gracia es tan poderosa que puede convertir la peor situación en la mejor. El pecado más espantoso que se haya cometido en nuestro planeta fue la crucifixión de Jesús. Sucedió en una cruz. Pero hoy la cruz es un símbolo de bendición. Los creyentes la llevan colgado del cuello. Está estampada en la tapa de la Biblia, la vemos erigida en lo alto de los monumentos, cantamos sobre ella con profunda emoción y gratitud. Son pocas las cosas que provocan mayor gozo que la cruz.

Pero antes de la muerte de Jesús, la cruz era un símbolo de maldición: "Maldito todo el que es colgado en un madero" (Gálatas

3.13). ¿Cuándo pasó de ser maldición a ser bendición? En el mismo instante en que Jesús la envolvió en la gracia; cuando clamó: "Padre, perdónalos, porque no saben lo que hacen" (Lucas 23.34). Él convirtió la maldición de la cruz en la bendición que hoy conocemos. Lo hizo la gracia.

Permita que el Espíritu Santo le hable ahora. Permítale que le asegure que cuanto más grande sea el pecado que han cometido contra usted, mayor es la gracia que Dios *ya* ha puesto a su alcance. Usted puede convertir esas maldiciones en bendiciones, como lo hizo Jesús.

UN EJEMPLO AGONIZANTE DE FE VIVA

Usted puede decir que intelectualmente comprende cómo lo hizo Jesús, pero que siente que no puede responder de la misma manera porque es sólo un ser humano. Si esto es lo que siente, quisiera mostrarle el caso de Esteban en Hechos 7, dado que él era un ser humano, como usted y como yo. Estaba predicando a gente que no recibía su mensaje. Aunque su rostro parecía el de un ángel, la gente que lo escuchaba se airaba cada vez más, hasta convertirse en una turba que se lanzó contra él. Lo empujaron fuera de la ciudad y comenzaron a apedrearlo. Saulo de Tarso, que luego se convertiría en Pablo, era uno de los líderes de la multitud enardecida.

Algunas de estas piedras, arrojadas con saña, destrozaron el cráneo de Esteban. Otras le rompieron las costillas. Esteban comenzó a ahogarse en su propia sangre. Cada vez que levantaba la vista veía rostros airados; el de Saulo, más enfurecido que cualquier otro. Pero más allá de esa multitud enardecida, también veía los cielos abiertos y a Jesús allí. Pero lo extraño era que Jesús no estaba sentado a la diestra del Padre, intercediendo. Estaba de pie, en posición de juicio. Algunos teólogos sugieren que estaba en esa posición porque Israel estaba a punto de cometer el pecado imperdonable.

¿Qué hizo Esteban en ese contexto de pecado y de juicio? Rogó al Padre que derramara su extraordinaria gracia, y clamó: "Señor, no les tomes en cuenta este pecado" (Hechos 7.60).

SAULO SE CONVIERTE EN PABLO

El Padre cumplió el deseo de Esteban, y dos capítulos después, Saulo de Tarso, el destructor, se convirtió en Pablo, el edificador de la iglesia (véase Hechos 9). Pablo, tendido al costado del camino a Damasco, no necesitó que nadie lo llevara a Cristo. Tal mérito le corresponde a Esteban. Todo comenzó cuando Esteban aplicó gracia al pecado que Pablo había cometido contra él. Saulo no pidió gracia, pero Esteban se la extendió de todos modos, y los resultados fueron extraordinarios. ¡La gracia verdaderamente tiene poder!

Esta es la misma gracia que está a su alcance hoy. Personas airadas le arrojan palabras duras y obras malignas que hieren como piedras. Como Esteban, usted está profundamente dolorido. Pero también puede decidir ver al ofensor *en Cristo*, en lugar de verlo en lo natural. Su pecado contra usted ya aguijoneó la carne de Jesús. No hay necesidad de que continúe hiriéndolo a usted, si le aplica la gracia.

Quizás me diga: "Esteban era un siervo de Dios lleno del Espíritu Santo que estaba trabajando en la obra de Dios, pero yo soy sólo un creyente inseguro". En ese caso, quisiera preguntarle: "¿Y qué cree usted que era la mujer que había sufrido incesto?" Dudo que haya muchas personas que hayan sufrido tanto como ella. Permítame decirle cómo esa mujer encontró la libertad aplicando la gracia, en lugar de recibirla sin más.

AHORA O NUNCA

Después que yo le expliqué estas verdades, la mujer preguntó: "¿Quiere decir que debo perdonar a mi padre y aplicar gracia a ese montón de pecados horribles que él cometió contra mí?" Cuando respondí afirmativamente ella perdió el control y comenzó a gritar: "¡Nunca! ¡Jamás! Lo odio. Una de las cosas que más lamento en mi vida es que haya muerto antes que yo pudiera matarlo con mis propias manos".

Con suavidad, pero al mismo tiempo con firmeza, le dije: "Usted ha vivido 55 años en un infierno. Aunque viva el doble, cada año será peor. Su única salida es aplicar la gracia. No es necesario que tenga ganas de hacerlo. Sólo hágalo".

En ese momento el Espíritu Santo tomó control de ella, y accedió a hacerlo. Entre dientes, perdonó a su padre y bendijo su memoria. Después yo le impuse las manos y oré para que Dios sanara su psiquis, y recompusiera su personalidad fragmentada.

AL FIN SANA

Al día siguiente, partí para ministrar en otro lugar. De vez en cuando recordaba a esta mujer, pero sólo un año después regresé a su ciudad a predicar en una reunión que se realizaba en un estadio. Mientras yo estaba en el salón preparado para el predicador, junto a la plataforma, se abrió la puerta y entró una mujer. Cuando levanté la vista, la reconocí: era la mujer por la que había orado. Me saludó con gran entusiasmo, dándome la mano. Le pregunté cómo estaba, y respondió: "Estoy en la lucha. Lucho cada día, cada minuto, a veces cada segundo. Pero hay una diferencia muy grande entre luchar para acabar perdiendo siempre, y luchar y terminar ganando siempre. Y yo estoy ganando. El odio ya no me controla".

Le pregunté acerca de su personalidad fragmentada. Sonrió ampliamente y me dijo: "Estoy sana. Por primera vez en mi vida, ya no estoy fragmentada. ¡Dios me sanó!"

¡Qué milagro tan extraordinario! La gracia es, realmente, más dura que la piedra. Es, sin duda, más poderosa que el pecado; y así es como debe ser, ya que se trata del remedio de Dios para el pecado.

LA VENGADORA DE SATANÁS

Antes, lo único que el diablo tenía que hacer para torturar a esta hermana era susurrarle la palabra: "incesto". Apenas lo hacía, ella se derrumbaba. Pero ahora se mantiene firme frente a otras víctimas del incesto, y cuando proclama la gracia, está torturando a los mismos demonios que antes la atormentaban a ella. Al darles esperanza a otras mujeres con las que tiene tanto en común, ha encontrado un propósito redentor para su traumática infancia. Dios está usando para bien aquello que el diablo usaba para mal.

SU TURNO

¿Qué me dice de usted? ¿Qué puede decirme de esas heridas que constantemente repite en su cerebro, día tras día, mes tras mes? No podrá perdonar a los demás a menos que permita que la gracia de Dios fluya hasta tocar la raíz de cada obra mala hecha *por* usted, y *contra* usted. Debe cambiar las *cosas viejas* por las *cosas nuevas*. Lo alentador es saber que esto es posible. Lo más liberador es saber que puede suceder ahora mismo.

Aprender a perdonar es esencial para la reconciliación, ya que nadie puede dar lo que no tiene. Debemos experimentar la gracia en el más profundo nivel y entonces estaremos *ansiosos* por extenderla a las personas que se encuentran en nuestros círculos de influencia.

Para ser restaurados, hombres y mujeres deben aplicar la gracia unos a otros, cada día. Para que se puedan reconstruir los matrimonios, la gracia debe fluir entre los cónyuges. La revancha que se aproxima tendrá como protagonistas al Señor de la gracia, enfrentado con el señor del pecado. Dios ha elegido disimular a sus tropas bajo la apariencia de palomas. Las palomas son aves pacíficas. El Espíritu Santo, que es el ministro de la gracia, fue representado como una paloma en el bautismo de Jesús. La gracia era la clave en ese momento, y continúa siéndolo ahora.

Sea cual sea la situación en que usted está leyendo estas palabras, lo insto a que se *decida* a aplicar la gracia a toda persona que le haya causado una herida, ahora mismo. Tome cada pecado que haya sido cometido en su contra por miembros del sexo opuesto, por líderes, por sus pares, por sus parientes, haga una pila con ellos, y cúbralos con la gracia que Dios *ya* le ha dado, que es la misma gracia que primero lo salvó. Por supuesto, si nunca ha aceptado a Cristo como su Señor y Salvador, primero deberá hacerlo. Pero si ya es creyente, no es necesario que pida una gracia extraordinaria. La gracia ya está en usted. El Padrenuestro lo dice muy claramente: "[Padre], perdónanos nuestros pecados, porque también nosotros perdonamos a todos los que nos deben" (Lucas 11.4). Es todo parte del mismo depósito.

Permita que la gracia recorra toda la extensión de su alma, llegando hasta su recuerdo más temprano, y observe cómo convierte las cosas viejas en cosas nuevas. Esto es lo que mejor hace la gracia: transformar pecados en bendiciones. Cuanto mayor es el pecado, más grande es el trofeo que puede producir.

Le insto a que haga esta oración ahora mismo:

Padre Dios, te doy gracias por la gracia que Jesús derramó sobre mí en su muerte. También te agradezco porque esa gracia se derramó no sólo para mí sino para todas las demás personas, y dio perdón a mis pecados, así como a los pecados de otros.
Te ruego que permitas que esa gracia alcance a todo aquel que me ha tocado con mala intención, y todos los que han pecado contra mí. Que se sepa en cielo y tierra que a partir de este momento perdono a esas personas mediante la misma gracia que me perdonó a mí.
Padre, también te ruego que las bendigas. Te pido que las restaures y las prosperes. Pido para ellas toda bendición que haya pedido alguna vez para mí. Las declaro libres, y al hacerlo, me libero a mí mismo por esa misma gracia.
En el nombre de nuestro Señor Jesucristo.

CAPÍTULO 13
EL MEJOR MOMENTO DE LAS MUJERES

Muy temprano por la mañana, después de haber pasado la noche en su monte de oración favorito, el Monte de los Olivos, Jesús fue al templo. Cuando la gente se le acercó, se sentó y comenzó a enseñarles (véase Juan 8.1-2). Era un ambiente pacífico que sin duda Jesús disfrutaba mucho.

De repente, la tranquilidad se interrumpió bruscamente ya que los escribas y fariseos trajeron delante de Jesús, por la fuerza, a una mujer sorprendida en adulterio. Ellos exigían que Jesús decretara su muerte, según lo prescribía la ley. Al principio, Jesús no contestó. Simplemente se inclinó y comenzó a escribir con un dedo en la tierra, mientras los líderes religiosos insistían en su demanda de que Jesús sancionara el uso de la fuerza para matarla (véase Juan 8.3-6).

A pesar de lo terrible que era el pecado de esta mujer, ella no debería haber tenido que enfrentar todo esto sola, ya que se necesitan dos personas para cometer adulterio. ¿Dónde estaba el hombre? ¿Por qué no lo habían llevado a él también? La ley especificaba que se debía apedrear a ambos. A los ojos de los acusadores, era correcto condenar a la mujer, pero no al hombre. ¡Qué terrible contradicción!

IGUAL RESPONSABILIDAD

La figura que vimos anteriormente es similar a lo que vemos en los círculos ministeriales en la actualidad. Personas llevadas por un celo excesivo se concentran intencionalmente en pasajes de las Escrituras que favorecen sus prejuiciosos puntos de vista. Demandan el juicio de la mujer "sorprendida en el acto mismo" (Juan 8.4) sin prestar atención a la responsabilidad del hombre en la violación de la ley. Mientras esto continúa, las mujeres quedan expuestas, humilladas y mancilladas. Privadas de la legítima cobertura masculina que les corresponde, muchas veces se ven llevadas a aceptar sustitutos adúlteros.

Jesús, mientras escribía sobre la tierra, decidió no poner de relieve los pecados de los hombres en general, ni pedir que el hombre adúltero también se presentara ante Él. Tampoco les dijo a los hipócritas acusadores que eran tan culpables como la mujer y el hombre que habían sido sorprendidos en adulterio. Pero sabía que esto era así, porque podía leer los corazones de los hombres.

¿Por qué guardó silencio? Porque es su tarea reconciliar, no dividir. Jesús es intercesor, no acusador. En forma totalmente intencional, se negó a tomar partido, porque eso es lo que hace el diablo. Jesús vino "a buscar y a salvar lo que se había perdido" (Lucas 19.10). Y lo que se había perdido no está todo entero, ni en una pila. Está quebrado y esparcido por todos lados. Él no elige las mejores partes, rechazando las que están dañadas. Espera hasta poder abrazar todas las piezas rotas y tomarlas en sus brazos, cerca de su corazón, para luego arreglarlas.

De la misma manera, Jesús se niega a tomar partido en lo relativo a la brecha entre los sexos. Jesús no va a rebajar a los hombres para exaltar a las mujeres, ni viceversa. Por el contrario, los busca en cualquier nivel que estén, para *elevar* a ambos a su nivel. Así funciona la cruz. Jesús es fiel, aunque nosotros seamos infieles, porque no puede negarse a sí mismo. Él es Salvador, no condenador.

UN MENSAJE RADICAL

¿Es efectiva la forma en que opera Jesús? ¡Sí! ¿Dónde cree usted que fueron esos hombres al salir de delante de Él ese día? Lo más probable es que hayan regresado a sus hogares con sus esposas. Al verse reflejados en el rostro angustiado de la mujer acusada, sin duda comprendieron cuán cerca habían estado, en un momento u otro, de enfrentar la acusación como ella. El silencio de Jesús dejó marcada para siempre la suciedad del adulterio en sus memorias.

A la mujer, Jesús le dijo: "Vete, y no peques más" (Juan 8.11). ¡Qué mensaje liberador, lleno de esperanza! En lugar de escarbar en el pasado, Jesús lo cubrió de misericordia y le señaló a la mujer el camino de la santidad restauradora. No pecar más significaba romper la relación con el adúltero y arreglar su matrimonio dañado; una tarea difícil, pero necesaria, que requiere de una reconciliación del más profundo nivel entre los sexos.

¿Es posible un cambio tan drástico? ¡Claro que sí! Inmediatamente después de ordenarle a la mujer que no pecara más, Jesús proclamó: "... Yo soy la luz del mundo; el que me sigue, no andará en tinieblas, sino que tendrá la luz de la vida" (Juan 8.12). Él conoce nuestras tinieblas. Sabe que necesitamos su luz. En lugar de maldecir nuestra oscuridad, Él brilla para que nosotros podamos ver el camino y seguirlo. Cuando lo hacemos, dejamos para siempre las tinieblas atrás.

Poco después que Jesús declarara que Él es la luz del mundo, se produjo una intensa discusión teológica. Al principio, muchas personas se resistieron a sus palabras y lo acusaron de falso testimonio, una falta muy grave según la ley. Pero Jesús se mantuvo firme y dijo: "Cuando hayáis levantado al Hijo del Hombre, entonces conoceréis que yo soy" (Juan 8.28). Cuando la multitud escuchó sus firmes palabras, "muchos creyeron en él" (Juan 8.30).

¿Qué significa que quienes hayan "levantado al Hijo del Hombre... [conocerán] que yo soy"? La palabra "Hombre" en la expresión "Hijo del Hombre" no se refiere únicamente a personas del sexo masculino. Se trata de la palabra griega *anthropos*, que incluye tanto a hombres como a mujeres.

Es hora de que levantemos al Hijo del Hombre, el Salvador tanto de hombres como de mujeres. Cuando veamos a Jesús como el Hijo del Hombre (*anthropos*), descubriremos que en Él se reconcilian hombres y mujeres; tomaremos la posición que nos corresponde en Cristo, y comenzaremos a ministrar armoniosamente juntos, como Adán y Eva en el huerto.

UN DESFILE VICTORIOSO

Esto es lo que sugiere el Salmo 68. Después de la victoria sorpresiva en que las mujeres tienen un rol decisivo, el Señor encabeza un desfile victorioso: "Los carros de Dios se cuentan por veintenas de millares de millares; el Señor viene del Sinaí a su santuario" (Salmos 68.17).

En la época bíblica era costumbre que los reyes victoriosos entregaran algunos de los mejores cautivos como regalos a personas que estaban bajo su jurisdicción. Esto es precisamente lo que Dios hace aquí: "Subiste a lo alto, cautivaste la cautividad, tomaste dones para los hombres" (Salmos 68.18a).

PERFECCIONAR A LOS SANTOS
Este pasaje en particular es al que se refiere Pablo en Efesios 4.8, 11:

> Subiendo a lo alto, llevó cautiva la cautividad, y dio dones a los hombres... Y él mismo constituyó a unos, apóstoles; a otros, profetas; a otros, evangelistas; a otros, pastores y maestros.

Esta es la sección de la que deriva la doctrina de las funciones gobernativas de la iglesia: apóstoles, profetas, evangelistas, pastores y maestros.

Al principio puede parecer contradictorio que un pasaje tan definitorio se pueda relacionar con un salmo que destaca el rol de las mujeres, porque estas funciones las cumplen por tradición los varones. Pero la relación es muy apropiada, cuando comprendemos que dichas funciones tienen como fin llevar al desarrollo de *toda* la iglesia hasta un punto que refleje la integración y la armonía entre ambos sexos: "a fin de perfeccionar a [todos] los santos para la obra del ministerio, para la edificación del cuerpo de Cristo" (Efesios 4.12).

Así describe Pablo el resultado de este perfeccionamiento:
> Hasta que *todos* lleguemos a la unidad de la fe y del conocimiento del Hijo de Dios, a un varón perfecto, a la medida de la estatura de la *plenitud* de Cristo... de quien *todo* el cuerpo, bien concertado y unido entre sí por *todas* las coyunturas que se ayudan mutuamente, según la actividad propia de *cada miembro*, recibe su crecimiento para ir edificándose en amor (Efesios 4.13-16, énfasis agregado).

La abundancia de expresiones enfáticas ("todos", "plenitud", "todo", "todas") indica un ideal que será alcanzado por medio de un proceso, según lo indica la frase "*hasta* que todos lleguemos a... la plenitud de Cristo" (v. 13, énfasis agregado).

Cuando ponemos este pasaje en el contexto de su origen, el Salmo 68, descubrimos razones para llegar a la conclusión de que el desfile victorioso de Dios expresa la restauración plena de los sexos, descrita en la profecía de Joel (véase el capítulo 8), y a la que alude Pablo en Efesios.

Esto encaja perfectamente con la referencia de Joel a hijos e hijas, siervos y siervas que ministrarán codo a codo bajo el poder y la presencia del Espíritu Santo (véase Hechos 2.16-18). Ya sea en un ambiente de amor y afirmación, como la familia (hijos e hijas), o en una desigualdad social que los rebaja (siervos y siervas), los hombres y mujeres que sean llenos del Espíritu Santo saldrán a ministrar juntos. Y cuando lo hagan, se producirán señales y maravillas, se sacudirá el mundo "y todo aquel que invocare el nombre del Señor, será salvo" (Hechos 2.21).

LA BASE DE LA ESPERANZA

En ese preciso momento, hombres y mujeres, trabajando unidos, recogerán la mayor cosecha de toda la historia de la iglesia, y los enemigos de Jesús se convertirán en estrado para sus pies (véase Hechos 2.35). Todo esto sucederá en la intimidad del ministerio centrado en la familia, según implica la referencia a los jóvenes y viejos (hijos y padres) y a los hijos e hijas (véase Hechos 2.17).

Esta es la base de la esperanza que tenemos delante de nosotros. Dios no espera que arreglemos el mundo para que hombres y mujeres puedan reconciliarse, sino que pide todo lo contrario: los hombres y mujeres que han sido capturados por Él deben estar unidos en su presencia, llenos de su Espíritu, ya que el ministerio extraordinario que surgirá de tal unidad cambiará al mundo. La reconciliación no es resultado del ministerio, sino el primer requisito previo al mismo. Nada de esto sucederá hasta que hombres y mujeres de todas las edades, sean casados, solteros o viudos, hayan sido dominados por el Espíritu de Dios, como en el día de Pentecostés.

El diablo lo sabe, y hará todo lo posible por detener tal reconciliación. Sabe que si todos los hombres y mujeres están unidos en el ministerio, "Dios herirá la cabeza de sus enemigos... [y su] pie se enrojecerá de sangre de tus enemigos" (Salmos 68.21-23).

LA ESTRATEGIA DE DIOS

La referencia al pie que aplasta es una posible respuesta a una de las preguntas más comunes que formulan los cristianos: "¿Por qué las mujeres no pueden ser cabeza?" La respuesta es muy edificante.

La posición de las mujeres no tiene como fin rebajarlas, sino que es parte de la estrategia de Dios. Dios permite que las mujeres estén camufladas como bandadas de palomas grises, descansando sobre tiestos sucios, escondidas en lugares humildes mientras Él espera que sus enemigos se exalten. Pero cuando Dios finalmente libere a las mujeres, todos verán el oro, hasta entonces escondido, brillando en sus alas, y apreciarán su valor. Nadie lo verá con más claridad que los hombres que ministran con ellas. En ese momento, el mejor para las mujeres, ¡todos podrán ver que realmente son doblemente refinadas!